John R. N. Barwell

Autor

Bewerbung mit Erfolg

So meisterst du Lebenslauf, Anschreiben, Auswahlverfahren und sicherst dir deinen Traumjob!

Du hast das Recht glücklich zu sein!

Dieses Buch hilft dir dabei, deinen Traumjob zu finden!

Dies verspreche ich dir. Nicht mehr, aber auch nicht weniger.

Ich wünsche dir vom Herzen viel Erfolg!

Inhaltsübersicht

Woran liegt es, dass manche Menschen großen Erfolg in Bewerbungsprozessen verzeichnen und andere duzende Bewerbungen schreiben und dennoch leer ausgehen? Was macht einen guten Bewerber aus? Was erwarten Unternehmen von uns, wenn sie Stellenausschreibungen veröffentlichen und auf eingehende Bewerbungen warten? Und was kannst du tun, um deine Erfolgschancen drastisch zu steigern? All diese Fragen sind sehr berechtigt. Heutzutage gibt es eine große Anzahl von gut ausgebildeten Individuen, wodurch Unternehmen an hochqualitative Bewerber gewöhnt sind. Zudem ist die heranwachsende Generation immer flexibler – zeitlich sowie auch geographisch – wodurch wir für einen gegebenen Job Konkurrenz aus der ganzen Welt haben. Es sind nicht länger nur die Leute aus unserem Dorf, oder unsere ehemaligen Mitschüler, die sich um einen Job bewerben, sondern es kann eine Person aus einem anderen Teil der Welt sein; mit anderen Erfahrungen, Erwartungen und Fähigkeiten. Die Frage, die sich daraus ergibt ist: Wie kannst du also in diesem „Krieg um Jobs“ bestehen? Wie kannst du hervorstechen und für Unternehmen sichtbar werden?

Lass es uns gemeinsam herausfinden!

Bevor es losgeht – Kleine Denkanstöße

Zu Beginn dieses Kapitels möchte ich gerne ein Geheimnis mit dir teilen: Die meisten Personen scheitern bereits mit ihrer Bewerbung, bevor sie überhaupt damit begonnen haben. Sie haben schon verloren, bevor sie überhaupt in den Ring gehen.

Warum ist das so? Nun ja, der Grund ist recht simpel: Ein Bewerbungsprozess beginnt nicht erst mit dem Zusammenstellen und Schreiben deiner Bewerbungsunterlagen. Der Bewerbungsprozess fängt viel früher an; nämlich bei der Auseinandersetzung mit dem was deine eigentlichen Ziele sind, den momentanen Gegebenheiten des Arbeitsmarktes und welche der verfügbaren Optionen tatsächlich deinen Fähigkeiten entsprechen.

Um erfolgreich zu sein, müssen wir zunächst unseren Blickwinkel auf Bewerbungen anpassen. Eine Bewerbung ist eine Reise, ein Prozess, welcher einige Zeit in Anspruch nimmt, welcher Energie und Konzentration erfordert und welche seine Höhen und Tiefen hat. Aber auch Rom wurde nicht in einem Tag erbaut, richtig?

Deine Bewerbung beginnt mit der Bestimmung des persönlichen Standorts. Was bedeutet das? Es bedeutet, dass es wichtig ist, dir über deine eigenen Rahmenbedingungen, Vorstellungen und Wünsche klar zu werden.

Beginne damit, die folgende Fragen zu stellen: Was sind meine persönlichen, sozialen und fachlichen Kompetenzen? Auf welchem Level möchte ich einsteigen (Praktikum, Traineestelle, Angestellter,

Führungskraft)? Würde ich für die neue Stelle längere Anfahrtswege oder gar einen Umzug in Kauf nehmen? Was ist mir das wichtigste auf der Arbeit? Welche Moral und Wertevorstellung vertrete ich? Entsprechen die Unternehmensleitsätze meinen Vorstellungen? Wie sollte die Unternehmenskultur sein, sodass ich in dem Unternehmen glücklich werde? Welche Bezahlung erwarte ich? Wie wichtig ist mir das Thema Work-Life-Balance?

Überspringe diesen Part nicht! Es ist die Basis all deines zukünftigen Erfolges; die Grundpfeiler für deine Entscheidungen. Es ist hilfreich, deine Überlegungen schriftlich festzuhalten, um deine Gedanken zu sortieren und auch, um deine Antworten nach und nach ergänzen zu können.

Solltest du dir bei einigen Fragen nicht ganz sicher sein, kannst du gerne auch deine Freunde oder Familie befragen und dir ein Feedback einzuholen; du wärest vielleicht überrascht, wie viel ihnen über dich aufgefallen ist, was du selbst möglicherweise noch nicht wusstest. Es gibt dir zudem eine gute Möglichkeit dein eigenes Selbstbild (was du über dich selbst denkst) und das Fremdbild (was die anderen über dich denken) abzugleichen.

Warum machen wir das Ganze? Ein ganz häufiger Fehler besteht darin, dass sich Bewerber für die falsche Position interessieren. Eine Position in einer Unternehmensberatung, während man eigentlich großen Wert auf Work-Life-Balance legt, eine Bewerbung in einem Start-Up, obwohl man eigentlich ein hohes Gehalt erwartet, eine Bewerbung in der Stahlbranche, die als Zulieferer für Waffen auf Kriegsbooten fungieren, obwohl man Friedensaktivist ist, oder auch eine Bewerbung für eine Position mit weitaus mehr Berufserfahrung, als man selbst aufweisen kann. Du wirst sehen, dass wenn du all die oben aufgelisteten Fragen akkurat beantwortest sich dein potentielles Spielfeld für Bewerbungen drastisch verkleinert. Aber keine Angst, dies ist nichts Schlechtes! Es bedeutet lediglich, dass du deine Bewerbungen weitaus gezielter versenden wirst, und viel weniger Arbeitsaufwand haben wirst, da die Unternehmen und Jobs an denen du ohnehin nicht interessiert bist bereits herausgefiltert sind. Und um dir diesen Prozess des gezielteren Suchens nach passenden Job-Optionen noch etwas schmackhafter zu machen, hier ein wenig Statistik: Nach einer Studie der Unternehmensberatung Gallup ist fast jeder vierte Beschäftigte in Deutschland (24 Prozent) mit seinem bisherigen Job so unzufrieden, dass er innerlich bereits gekündigt hat. Darüber hinaus verrichten 61 Prozent der Befragten demnach nur noch Dienst nach Vorschrift. Dies sind erschreckende Zahlen! Nicht etwa nur deshalb, weil es schädlich für die Unternehmen ist, sondern vielmehr, weil es wiederspiegelt, wie unglücklich die Menschen in ihren Jobs sind. Doch du hast jetzt die Möglichkeit dies für dich zu ändern und dein Leben anders zu gestalten! Du musst nicht zu den 60% gehören, die nur auf die Arbeit gehen, weil sie am Ende des Monats einen Check bekommen!

Solltest du Zweifel bezüglich deiner eigenen Fähigkeiten haben beachte, dass Unternehmen nicht immer die besten, sondern vielmehr die am besten passenden Kandidaten einladen. Und mit dieser Methode stellst du sicher, dass DU zumindest ein sehr treffender Kandidat sein wirst!

Wie solltest du dein Leben leben?

Da ich das Thema der Selbst-Analyse sehr wichtig finde, widme ich diesem Aspekt noch einen weiteren Abschnitt – mit der zentralen Frage "Wie solltest du dein Leben leben?".

Diese Frage ist das Fundament für eine erfüllende Karriere und ein glückliches Arbeitsleben. Viele Menschen übersehen die Wichtigkeit während ihrer Karriere und ihres Lebens ehrlich zu sich selbst zu bleiben. Jeder von uns ist dauernd mit konfliktären Ideen konfrontiert; erst wollen wir das eine, dann plötzlich wollen wir etwas gänzlich anderes. Wie kann es sein, dass wir den einen Tag den Stereotyp eines Finanzexperten im teuren Anzug als höchstes Lebensziel betrachten, und den nächsten Tag mehr Naturverbunden sein möchten und plötzlich den Beruf als Rinderzüchter attraktiv finden, der in einem Holz-Haus im Wald lebt? Der Grund ist, dass wir fortlaufend versuchen abzuwägen, was WIRKLICH wichtig ist. Das, was das Leben lebenswert macht. Das, was uns glücklich macht. Das, was uns erfolgreich macht. Das, was uns Ansehen bringt. Die Welt ist voller Möglichkeiten und Lebenswege. Keiner dieser Wege ist generell richtig oder falsch. Und keiner dieser Wege ist der ultimative Pfad zum Glück.

Kommen dir diese Fragestellungen bekannt vor?

- Sichere Festanstellung (bietet Jobsicherheit und festes Einkommen) vs. Traum-Job (bietet Freiheit und Kreativität)

- Anderen helfen vs. Dem eigenen Bank-Vermögen helfen vs. Sicherheit eines 9-5 Jobs
- Lückenloser Musterlebenslauf vs. Erfahrungen und Flexibilität
- Fachexpertise vs. Führung & Management
- Geld vs. Privatleben (besonders für stressvolle Jobs, die 24-stündige Erreichbarkeit fordern)
- "Arbeit sollte hart und fordernd sein" vs. "Arbeit soll Spass machen"
- Stressvolle Job-Starter Jahre vs. Eigenständigkeit in deinem Bereich der Expertise

Kommen dir all diese Vergleiche und Entscheidungen bekannt vor? Wir alle müssen die Wahl treffen, was wir für uns wollen. Und diese Wahl ist bestimmt keine einfache!

Leider ist es so, dass wir durch Werbung und andere Medien dauerhaft einem Einfluss ausgesetzt sind, der uns sagt, das DIESER Beruf uns erfolgreich macht und Ansehen bringt, oder DIESES Produkt uns gutaussehend und begehrt macht. Aufgrund der Vielfalt der Möglichkeiten sind all diese Einflüsse jedoch unvereinbar. Sie stellen manchmal gänzlich verschiedene Lebensweisen dar und sind Repräsentationen gänzlich anderer Moral- und Wertvorstellungen. Die meisten unter uns haben starke Schwierigkeiten sich für einen "Weg" zu entscheiden und diesem treu zu bleiben, so lange wie er für uns richtig ist. Die meisten von uns fühlen sich hin- und hergerissen zwischen all den Optionen und Lebenswegen und wir kommen mit uns selbst und dieser Welt nicht wirklich auf einen grünen Zweig. Wir haben immer das Gefühl, dass da etwas anderes ist, etwas Besseres. Oder jemand Besseres.

Woran liegt das? Nun, die Antwort liegt auf der Hand: Wir nehmen uns keine Zeit mit uns selbst zu beschäftigen. Wir sind uns nicht bewusst, wer wir sind und für was wir eintreten. Wie also sollen wir glücklich werden, wenn wir nicht einmal wissen, was genau uns überhaupt glücklich macht? Es ist Zeit dies zu ändern! Nimm dir Zeit um dich selbst zu finden! Tust du dies nicht, bist du im wahrsten Sinne des Wortes verloren. Denn: Wie soll jemand anderes dich finden, wenn du dich noch nicht einmal selbst gefunden hast? Wie soll dich jemand anderes für das wertschätzen, was und wer du bist, wenn du nicht einmal selbst weisst wofür du dich selbst wertschätzt und respektierst?

Weiter erinnere dich immer daran, dass wir alle keine weißen Tücher sind. Ein jeder von uns ist ausgestattet mit vorgefertigten Meinungen und Glaubenssätzen, was Erfolg bedeutet und wie ein gutes Leben aussehen sollte. Unsere Karriere-Dilemmata sind einzigartig, und so sind es auch unsere individuellen Lösungen. Dies jedoch macht es schwierig zu entscheiden, was wir am besten tun sollten. Diese Art der Sinnfindung existiert seit Anfang der Menschheitsgeschichte und beschäftigt einen jeden von uns. Daher ist es hilfreich und interessant einmal in die Vergangenheit zu blicken und zu schauen wie sich die Vorstellung von einem guten Leben, dem Sinn der Arbeit und gesellschaftlichen Vorgaben entwickelt hat. Ich nenne diese verschiedenen Ansätze und ihre Veränderungen “Karrieretheorien”.

Karrieretheorie 1:

“Mache und sei das, was deine Freunde oder speziell auch deine Familie sind und ist.”

Ein mittelalterlicher Ansatz, der, wie du sicher zustimmst, nicht up-to-date ist, jedoch in der Gesellschaft noch immer recht verbreitet ist.

Karrieretheorie 2:

“Find den Job, in welchem du glaubst gut zu sein (und dir am besten so viel wie möglich Geld bringt) und bleib dort. Ganz simpel.”

Basierend auf Hollands` Theorie der beruflichen Persönlichkeiten und Arbeitsumgebungen.

Karrieretheorie 3:

“Jetzt mal ehrlich – die Umstände entscheiden über den Erfolg und die Karriere!”

Aus Ken Roberts’ Gelegenheits-Struktur-Theorie

Karrieretheorie 4:

Nutze deine Stärken, worin du gut bist und tue nur das, was du genießt/dich erfüllt – das aktiviert verborgene Energien und du arbeitest im "Flow".

Von Martin Seligman, dem Vater der positive Psychologie

Karrieretheorie 5:

"Karriereplanung ist faktisch unmöglich. Man weiss nie, was als nächstes kommt."

Inspiriert durch die Chaostheorie von John Krumboltz

Karrieretheorie 6:

"Ich muss in mich gehen und meinem Leben einen tieferen Sinn geben. Dabei lege ich gleichzeitig hohen Wert darauf, rationale Entscheidungen zu treffen, die auf meinen persönlichen Werten basiert sind."

Die existenzielle Karriere Theorie gibt uns Hoffnung, das seine tiefgründige Analyse unserer Werte, Einstellungen und Glaubenssätze eine großartige Karriere zufolge hat.

Was dich betrifft, bist du der einzige Experte

Allzu oft hören wir, dass wenn wir Veränderungen wollen, wir unseren Job kündigen müssen oder unser Erspartes aufbrauchen müssen, da all dies mit Risiko verbunden ist. Was dann passiert ist, dass wir Angst bekommen. Und diese Angst lähmt uns, sodass wir nie eine klare Entscheidung treffen, nie eine Kehrtwende machen und nie eine wirkliche Veränderung herbeiführen.

Doch was, wenn es auch einen anderen Weg gäbe? Was, wenn wir kündigen könnten, ohne Angst haben zu müssen? Einen Neuanfang starten, ohne Zweifel und den dauerhaften Hintergedanken an das Risiko? Was, wenn du noch heute starten könntest dein Leben komplett umzukrempeln?

All die oben aufgezählten Theorien zeigen eines ganz deutlich: Es gibt keine universelle Wahrheit! Und es gibt sicher keinen ultimativen Weg zum Erfolg! Es gibt lediglich Sichtweisen. Doch Sichtweisen sind wechselhaft, und haben keinen generellen Gültigkeitsanspruch. Das was wirklich zählt, das bist du! Du und an was du glaubst! Du und das, was du für dein Leben willst! Dein Leben zählt! Und deine Karriere zählt! Die Hürde ist, dass niemand anderes dir sagen kann, wie du zu leben hast oder wie du deinen Lebensweg beschreiten solltest. Das liegt ganz bei dir!

Es ist höchste Zeit dir selbst die richtigen Fragen zu stellen und deinen Erfolg nach deinen eigenen Regeln zu gestalten!

Ein magisches Wort

Gestalten – ein magisches Wort! Es ist ein machtvolles Wort!

Gestalten impliziert die Übernahme von Verantwortung für das eigene Leben.

Gestalten will sagen, dass man die Realität zu den eigenen Konditionen verändert

und es bedeutet, die Spielregeln des Lebens selbst festzulegen.

Sei ein Gestalter!

Wo finde ich meinen Traumjob?

Nachdem wir uns in dem letzten Kapitel ausführlich mit der Wichtigkeit und auch den Methoden zur Selbstfindung und Analyse der eigenen Wünsche und Träume befasst haben, müsstest du jetzt bereits ein klareres Bild davon haben, in welcher Branche du arbeiten möchtest. Vielleicht hast du sogar schon konkretere Jobvorstellungen? Wir nutzen nun dieses Wissen, um gezielt nach Jobs zu suchen. Da stellt sich aber zunächst die Frage: Wo genau gehe ich hin, um Jobs zu finden?

Heutzutage ist es recht einfach aktuelle Jobangebote verschiedenster Unternehmen zu finden; es ist sogar so einfach, dass wir uns leicht in der Vielzahl der Kanäle und Angebote verlieren können. Um ein bisschen Struktur in unsere Suche reinzubringen, findest du unten eine Liste verschiedener Wege und Möglichkeiten deinen Traumjob zu finden. Die aufgelisteten Vorteile und Nachteile unter jedem Punkt zeigen dir, was genau dich erwartet, wenn du dich für die eine oder andere Methode entscheidest und erlaubt es dir zudem, deine persönliche Such-Präferenz auszuwählen. Generell ist es ratsam, sich alle Kanäle zumindest einmal anzuschauen und vielleicht sogar mit einem Methoden-Mix auf die Suche zu gehen!

Social-Media-Kanäle

Xing und LinkedIn – Beides sind Plattformen, auf welchen Leute ihre Fähigkeiten und Kompetenzen präsentieren können. Man kann quasi einen individualisierten Lebenslauf online stellen, der dann von vielen

Leuten direkt eingesehen werden kann. Man kann speziellen Interessens- und Berufsgruppen beitreten und Gleichgesinnte sowie potentielle zukünftige Arbeitsgeber oder Kollegen treffen. Durch das „Liken" von bestimmten Seiten zeigt man zudem seine persönlichen Interessen und Präferenzen, wodurch andere Leute dich leichter einschätzen und finden können. Weiter sind beide Plattformen gleichzeitig Messaging-Kanäle. Du kannst ganz gezielt nach Berufsgruppen oder Leuten suchen, und direkt per privater Nachricht in Kontakt treten. Dies erleichtert die Kontaktaufnahme mit möglichen zukünftigen Arbeitsgebern und deren Personalbeschaffern. Xing ist sehr beliebt in Deutschland, der Schweiz sowie auch Österreich, während LinkedIn ein breiteres Einzugsspektrum hat und auch den englischsprachigen Raum (England, USA, Kanada, Südafrika) abdeckt.

Ein weiterer Social-Media-Kanal, der in den letzten Jahren stark im Aufschwung ist, ist facebook. Auf facebook haben viele Unternehmen heutzutage „Fanpages", denen man folgen kann. Auf diese Art und Weise ist man stetig up-to-date was die neustens Entwicklungen in den jeweiligen Unternehmen angeht. Viele Unternehmen ein automatisiertes sharing-system, welches die Job-Angebote einer Unternehmens-Website, direkt auch auf facebook postet. So erhältst du direkt immer die neusten Job-Angebote, ohne jedes Mal die jeweilige Unternehmens-website aufrufen zu müssen.

Vorteile: Leichte Erreichbarkeit. Hohe Sichtbarkeit. Keine physischen Barrieren. Weitreichendes Netzwerk. Direkte Kommunikation möglich. Schnelle und gezielte Suche möglich. Zielgruppensteuerung.

Mögliche Nachteile: Hohe Sichtbarkeit der Job-Ausschreibungen, wodurch sich die internationale Konkurrenz erhöht - Nicht selten bewerben sich mehr als 1000 Jobsuchende auf eine Anzeige. Standardisierte Layouts – Fakten des Lebenslaufes überwiegen hier dem Design einer üblichen Bewerbung.

Websites

Wenn wir über online Webseiten reden, betrachten wir zweierlei: Unternehmens-Karriere-Webseiten sowie auch generelle Webseiten für Job-Postings, wie zum Beispiel MONSTER.de, indeed.com, stepstone.de, stellenanzeigen.de, oder job.de! Dies ist nur eine kleine Auswahl der verfügbaren Webseiten zur Jobsuche. Des Weiteren lohnt sich auch immer ein Blick auf die Homepage des Arbeitsamtes, welche viele wichtige Informationen, wie Ausbildungs- und Tätigkeitsbeschreibungen für alle angebotenen Jobs bietet.

Die Karriere-Seiten von Unternehmen können hilfreich sein, wenn du ein bestimmtes Unternehmen präferierst und bereits ein näheres Auge darauf geworfen hast. Du hast alle momentan angebotenen Jobs innerhalb des Unternehmens auf einen Blick und kannst die Angebote durchforsten. Ein eindeutiger Pluspunkt dieser Art und Weise der Suche ist, dass du aktiv sowie auch inaktiv viele Informationen über das Unternehmen sammeln kannst. Die Unternehmenskultur, die Werte, welche das Unternehmen vertritt, die Vision und Zukunfts-Strategie des Unternehmens und vieles mehr alles auf einen Blick! Dies wird sich als sehr wertvoll erweisen, wenn du dein

Motivationsschreiben verfasst, da du bereits einiges über das Unternehmen weisst und darauf Bezug nehmen kannst. Bist du ein „Fan" eines bestimmten Unternehmens, ist dies sicherlich deine präferierte Art der Jobsuche!

Generelle Webseiten für Job-Postings, so wie die oben aufgeführten Adressen, sind für eine andere Art der Jobsuche ausgelegt. Sie sind großartig, wenn du eine große Kollektion von Jobs und Unternehmen aller Art wünschst. Dieses weitreichende Angebot bedeutet jedoch nicht, dass du die Nadel im Hauhaufen suchen musst. Die eingebauten Filterfunktionen erlauben es dir nach bestimmten Standorten, Berufsgruppen, Unternehmensformen und sogar ganz bestimmten Berufsbezeichnungen zu suchen. Die Webseite wird dir eine sehr treffliche Auswahl an Jobs heraussuchen, aus denen du dann wählen kannst. Eine sehr komfortable, einfache und erfolgsversprechende Art der Jobsuche – und daher auch eine der beliebtesten heutzutage!

Vorteil: Riesige Auswahl und Bandbreite an angebotenen Jobs. Gut, um sich einen Überblick über Unternehmen und Jobs zu verschaffen. Gezielte Suche durch Filterfunktion. Keine physischen Barrieren.

Mögliche Nachteile: Hohe Sichtbarkeit der Job-Ausschreibungen, wodurch sich die internationale Konkurrenz erhöht. Keine Möglichkeit selbst von anderen gefunden zu werden. Wenige Hintergrundinformationen über das gewählte Unternehmen verfügbar. Keine Einsicht, ob das Unternehmen vielleicht auch noch andere Jobs anbietet, die möglicherweise noch besser zu dir passen.

Angesicht zu Angesicht

Old, but gold! Die älteste und noch immer bewährteste Methode ist es, den Personalentscheidern bewusst zu machen, dass du interessiert bist – sie müssen dich auf ihrer Liste haben! Im Idealfall ist dein Gesicht das erste, was ihnen einfällt, wenn sie über eine mögliche Besetzung einer vakanten Stelle nachdenken. Um hier erfolgreich zu sein, braucht es aber eines: Sichtbarkeit! Zum einen ganz konkret bei den Entscheidern in den Unternehmen aber auch generell in der Branche. Wie kann man sich also „sichtbar" zu machen?

Mein persönlicher Favorit in dieser Kategorie ist das Praktikum! Ein Praktikum hat den Vorteil, dass es dir unwahrscheinlich wertvolle Informationen über deine Wunschbranche oder deinen Wunschberuf liefert, was dir später bei deiner Entscheidungsfindung hilfreich sein wird! Woher willst du wissen, dass du diesen Beruf wirklich magst, wenn du ihn noch nie gemacht hast? Vielleicht gefällt dir auch nur die Vorstellung dieses Jobs, aber du merkst am Ende, dass du doch etwas Anderes bevorzugen würdest? Zudem, und das ist vielleicht noch wichtiger, bietet es dir die Möglichkeit Kontakte zu knüpfen. Dir gut gesonnene Personen innerhalb des Unternehmens sind das A und O! Du wirst Gelegenheiten erhalten, durch gute Arbeit in den Mittelpunkt zu rücken und auf dich aufmerksam zu machen. Viele Unternehmen haben es sich heutzutage sogar zur Personal-Strategie gemacht, guten Praktikanten nach dem Praktikum einen Direkteinstieg anzubieten, da sie gutes Personal für sich haben wollen und nicht möglicherweise zu der Konkurrenz marschieren sehen wollen. Für mich war dieser Art des Einstiegs in ein Unternehmen immer der erfolgreichste – vielleicht probierst du es auch einmal?

Eine weitere Möglichkeit ist es, dir einfach mal selbst ein Bild von den Arbeitsmöglichkeiten vor Ort zu machen - falls das möglich ist. Du kannst dir ganz simpel die Telefonnummer der Personalabteilung deines Wunschunternehmens im Internet heraussuchen und mal anrufen – Keep it simple! Sage zum Beispiel, dass du stark an dem Unternehmen interessiert seist und dass es dir sehr gefallen würde, dir das Unternehmen einmal einen Tag vor Ort anzuschauen. Der Vorteil dieser Methode ist, dass sich kaum jemand traut diesen Schritt zu gehen, und sich daher alle an den üblichen schriftlichen Bewerbungsweg halten. Aber nicht du! Auf diese Art und Weise fällst du positiv auf und stichst aus der Masse heraus – und hast zudem bereits persönlichen Kontakt zu einer Person innerhalb des Unternehmens! Vielleicht bekommst du sogar eine private Führung? Ich glaube du wärest überrascht wie Erfolg bringend unkonventionelle Methoden sind, bei denen andere sagen „Das macht man nicht! Das geht doch nicht!“.

Und als letztes ein Goldstück: Branchenveranstaltungen, Messen, und Vorträge! Bei dieser Art von Veranstaltungen sind die Anwesenden nicht in ihrem Alltagsstress gefangen, sondern sind in einem Gemüt für kommunikativen Austausch und offen zum Kontakte knüpfen. Das ist deine Chance! Unterhalte dich mit Menschen in den Kaffeepausen, in Warteschlangen oder auch beim Warten auf den nächsten Vortrag. Small Talk ist angesagt. Versuche einen stets interessierten Eindruck zu erwecken, und habe auch selbst immer die ein oder andere Story parat. Menschen lieben Geschichten! Auf diesem Wege kannst du dann so viele Informationen wie möglich über deine Wunschbranche oder dein Wunschunternehmen sammeln, weitere Namen und Ansprechpartner genannt bekommen und am Ende vielleicht noch Visitenkarten erhalten. Visitenkarten sind übrigens eine tolle Sache! Sie sind unverbindlich und zeigen gleichzeitig, dass du im Geschäft bist (wer würde schon Visitenkarten mit sich tragen, wenn nie jemand danach fragen würde?), was wiederum zeigt, dass du nicht „abhängig" bist. Pluspunkt! Bei diesen Gesprächen geht es primär noch nicht darum an einen Job zu kommen, sondern vielmehr darum, dem „Zufall" bei der Jobsuche auf die Sprünge zu helfen.

Du brauchst bei all dem keine Angst vor der Kontaktaufnahme zu haben. Viele Leute sehr hilfsbereit und erzählen gern über sich selbst und ihr Unternehmen, wenn man zeigt, dass man sich wirklich für sie interessiert. Als grundsätzlichen Tipp, der ein bisschen mit dem Tipp der Visitenkarte einhergeht, gebe ich dir folgendes: Trete Nirgendwo als Bittsteller auf, sondern als Problemlöser. Du bist wertvoll für das Unternehmen – sie brauchen dich! Dies muss im Vordergrund stehen. Auch in deinen eigenen Gedanken.

Am Ende ist es so, dass je größer das Netzwerk an Informanten und Bekannten wird, desto eher spricht sich die Tatsache deiner Jobsuche herum. Irgendwann erfährt die richtige Person im richtigen Unternehmen zum richtigen Zeitpunkt von dir und dein „Glück" schlägt zu.

Vorteile: Hohe Sichtbarkeit. Relevante Stakeholder erinnern sich an dich. Viele Informationen aus erster Hand. Steigerung des Selbstwertgefühls – du bist bereits im Spiel!

Mögliche Nachteile: Höherer (zeitlicher und kostentechnischer) Aufwand. Erfolgsquote geringer.

Zeitung

Der Klassiker. Die Zeitung war das erste Medium, über welches Unternehmen versucht haben (zu damaligen Maßstäben) großflächig potentielle Mitarbeiter anzusprechen. Die Zeitung sollte deine Jobsuch-Methode der Wahl sein, wenn du Informationen über lokale Stellenangebote erhalten möchtest. Da Zeitungen immer nur in einem bestimmten geographischen Raum ausgeteilt werden, erhältst du zielgenaue Informationen über vakante Positionen bei dir in der Nähe! Zudem sind in der Zeitung geschaltete Stellenanzeigen ein Qualitätsmerkmal seitens des Unternehmens, da sie nur von kurzer Dauer sind (1 Tag bis 1 Woche) und zudem vergleichsweise teuer sind. Nur solide Unternehmen können sich diesen Luxus erlauben und sind gewillt dieses Geld zu investieren, um einen potentiellen Arbeitnehmer anzusprechen. Ein weiterer positiver Faktor ist, dass Zeitungen fast überall in öffentlichen Einrichtungen, Lokalen und Cafés frei ausliegen. So hast du sogar Zugang zu diesen Informationen, auch falls du keine Zeitung abonniert haben solltest.

Vorteil: Weniger Konkurrenten. Stelle ist in diesem Moment definitiv vakant. Immer aktuelle Stellen-Ausschreibungen. Unternehmen ist gewillt Geld auszugeben, um geeignete Person zu finden. Mehr klein- bis mittelständische Unternehmen vertreten.

Nachteil: Ausschließlich lokale Offerten. Altmodisches Unternehmen. Mehr aufwendige Kontaktaufnahme.

Initiativbewerbung – Der verdeckte Stellenmarkt

Laut einer Studie des Instituts für Arbeitsmarkt- und Berufsforschung werden zwei von drei existierenden Stellen gar nicht öffentlich ausgeschrieben. Der Grund hierfür ist, dass viele, vor allem internationale Großunternehmen, in einer Flut von Bewerbungsunterlagen ersticken. Der Bedarf an Interessenten ist also theoretisch gedeckt. Zudem ist das Schalten von Stellenanzeigen, online wie auch offline, recht teuer. Vor allem für Einsteiger-Berufe wägen die Unternehmen daher gerne ihren Return On Investment (ROI) ab. Hinzu kommt noch, wie bereits in einem vorherigen Abschnitt erläutert, dass Firmen noch immer am liebsten Jobsuchende einstellen, die sie bereits kennen (beispielsweise durch ein vorangegangenes Praktikum), oder die sie empfohlen bekommen haben. Was also bring uns das? Nun ja, die Tatsache ist, dass es oftmals bereits einen akuten Bedarf an Arbeitskraft innerhalb eines Teams gibt, sich die Mitglieder dieses Teams allerdings noch gar nicht wirklich im Klaren darüber sind. De fakto bedeutet dies, sollte eine unternehmensinterne Person eine Bewerbung von einer Person zu Gesicht bekommen, welche über die Kompetenzen XY verfügt und mit den Aufgaben YZ unterstützen könnte, fungiert diese als eine Art Eye-

Opener. Und erst dann werden sich die Personen dieses Bedarfes wirklich bewusst.

Daher kannst du dem Zufall mit einer Initiativbewerbung auf die Sprünge helfen. Einfach eine E-Mail mit angehängtem Lebenslauf und Motivationsschreiben für deine Wunschposition senden und das war`s! Die Erfolgsquote mit Initiativbewerbungen ist prozentual gesehen sogar recht hoch, da einige Personalentscheider diese Art der Proaktiviät als Hinweis auf eine hohe Motivation interpretieren. Ein weiterer Vorteil ist natürlich, dass du bei einer Initiativbewerbung weniger Konkurrenz hast als bei einer offiziell ausgeschriebenen Stelle. Je besser du dir über die Bedürfnisse des Unternehmens im Klaren bist, desto erfolgsversprechender ist deine Bewerbung. Verdeutliche in deinem Schreiben zum Beispiel, warum du dich ausgerechnet bei dieser Firma bewirbst und nicht bei der Konkurrenz. Dieser Schritt sollte dir nicht schwerfallen, wenn du die Übungen zur Selbstanalyse im ersten Kapitel gewissenhaft durchlaufen hast.

Vorteile: Weniger Konkurrenz. Bewerbung erlangt mehr Beachtung. Eine Initiativbewerbung zeigt Selbstbewusstsein, Eigeninitiative und Motivation. Freie Formulierung möglich. (Auf-)Deckung eines Personalbedarfs, dessen sich das Unternehmen bislang noch gar nicht bewusst war.

Mögliche Nachteile: Gefahr, dass die Unterlagen im Papierkorb landen ist wesentlich größer, da kein aktueller Bedarf besteht. Zwang seitens des Unternehmens die Bewerbung nicht zu beachten, da die

Beachtung der Bewerbung eine Bevorteilung einer Einzelperson darstellen würde.

Woher weiss ich, ob ich geeignet bin?

Woher weisst du, ob du für den Job geeignet bist? Und die Gegenfrage: Woher weisst du, ob das Unternehmen für dich geeignet ist? Um dies herauszufinden gibt es diverse Methoden, die ich dir gerne im Folgenden zeigen möchte.

Eine generelle Betrachtung sollte zunächst einmal auf Basis der Jobausschreibung selbst stattfinden. Unser primäres Ziel ist es, die Stellenanzeigen genauer zu analysieren. Liest du den Anzeigentext gründlich, wirst du bereits einiges in und zwischen den Zeilen über deine Chancen den jeweiligen Job zu bekommen erfahren. Zunächst einmal sollte die Überschrift dein Interesse wecken, die Annonce vollständig zu lesen und sich zu bewerben. Wenn du schon von dem Namen und der Beschreibung gelangweilt bist, dann würde deine Zukunft in diesem Beruf sicherlich nicht sehr vielversprechend aussehen. Zudem sagt die Beschreibung bereits einiges über das Unternehmen aus und lässt Rückschlüsse auf das Selbstbild zu, welches das Unternehmen über sich selbst pflegt. Beispielsweise weisen Stellenbezeichnungen, wie zum Beispiel „Marketing Assistent“, „Content Manager“ oder „Human Resources Manager“ darauf hin, dass es sich wahrscheinlich eher um ein modernes, international tätiges Unternehmen handelt. Hier ist der Imperativ, dass du gute Englischkenntnisse aufweisen kannst.

Eine meiner persönlichen Beobachtungen ist, dass die in den Stellenanzeigen formulierten Anforderungen in den letzten Jahren inflationär gestiegen sind. Es ist kaum einem Bewerber möglich, allen ausgeschriebenen beruflichen Qualifikationen und persönlichen Eigenschaften zu entsprechen. Nun gibt es zwei Typen von Menschen: Zum einen diejenigen, die darauf basierend ausgehen, dass man sich einfach überall bewerben könne, selbst wenn nur wenige Kriterien erfüllt werden. Zum anderen diejenigen, die erst gar keine Bewerbung absenden, da sie eine der aufgelisteten Qualifikationen nicht aufweisen können. Leider ist keiner der beiden Ansichten von Erfolg gekrönt. In dem einen Fall wird die nicht angemessene Qualifikation zu einer Absage führen, in dem anderen Fall wird erst gar keiner bemerken, dass du an der Position interessiert bist. Es gilt hier einen goldenen Mittelweg zu finden. Ist die Stellenauszeichnung ganz klar für eine Person mit weitaus mehr Berufserfahrung oder einem viel höheren Ausbildungsgrad ausgelegt, dann spare dir die Zeit und suche weiter nach den Positionen, die deinem momentanen Stand entsprechen. Siehst du allerdings, dass du zu großen Teilen den Anforderungen entsprichst, du aber beispielsweise nur mittelmäßiges Englisch sprichst, während in der Anzeige „Sehr gute Englischkenntnisse" gefordert sind, dann wage den versuch trotzdem! Zum einen kannst du an diversen Dingen noch arbeiten und dich recht schnell verbessern, solltest du den Job wirklich bekommen, und zum anderen ist es so das, wie ich vorher schon erwähnte, die Anforderungen inflationär gestiegen sind, obwohl sich an der eigentlichen Jobtätigkeit in den Jahren gar nichts geändert hat. Manche Anforderungen sind mehr als ein "Nice to have" zu verstehen, als ein absolutes Muss. Überzeugst du als Gesamtpaket, dann wird der Einzelfall dir keinen Abbruch tun. Um diesen Balance-Akt erfolgreich zu meistern, wird es später deine Aufgabe sein, Schlüsselworte im

Anzeigentext herauszufiltern und genau auf diese im Bewerbungsschreiben einzugehen. Ein ernsthaft interessierter Bewerber ist dadurch zu erkennen, dass er oder sie wirklich zu der ausgeschriebenen Stelle passt und wird sich auch nur dann bewerben.

Wie kommen Stellenausschreibungen eigentlich zustande?

Um mehr über deinen zukünftigen Job zu erfahren, kann es auch interessant sein, sich damit zu beschäftigen, wie eigentlich diese Stellenausschreibung und die darin genannten Anforderungen zustande gekommen sind. Üblicherweise wird so etwas von ausgebildetem Personal aus dem Bereich des Human Ressource gemacht. Ein solcher Prozess kann länger sein und mehr interne Ressourcen benötigen, als du vielleicht glauben würdest – besonders nachdem du diesen Abschnitt hier gelesen hast. Bedenke einmal, dass das Unternehmen an jedem Tag Geld verliert, an dem es keine zusätzliche Arbeitskraft hat, die die anstehenden Aufgaben erledigen kann und die Kunden zufrieden stellt. Das Unternehmen gibt zudem viel Geld für die Stellenanzeige aus. Doch das ist nicht alles. Oft muss man noch in ein intensives Auswahlverfahren (Assessment_Center) durchlaufen, welches selbst mehrere Tage dauern kann, und zudem viel interne Vorbereitungszeit benötigt. Und stell dir nun vor, am Ende stellt das Unternehmen eine Person ein, die zum einen die Aufgaben nicht anständig erledigt (und damit die Unternehmensumsätze schmälert) und zum anderen nach weniger Wochen oder Monaten schon wieder kündigt, da sie sich nicht wohl fühlt. Dann geht die

Jobsuche wieder von vorne los. Was eine unglaubliche Geldverschwendung! Du wirst mir sicherlich zustimmen, dass ein angemessenes Auswahlverfahren unverzichtbar ist, um den richtigen Kandidaten an der richtigen Stelle zu positionieren!?

Zur Erstellung einer guten Stellenausschreibung wird ein Verfahren verwandt, das sich Job-Analyse nennt. Eine Job-Analyse ist ein Prozess, bei der eine Ansammlung von Informationen über den Job entsteht. Es werden Aufgaben beschrieben, Verantwortlichkeitsbereiche definiert, notwendige Fähigkeiten dargelegt, Leistungsziele festgesetzt und das Arbeitsumfeld geschildert. Man braucht so viele Informationen wie irgend möglich über den spezifischen Job, um eine gute und wirkungsvolle Stellenausschreibung kreieren zu können. Je mehr Informationen existieren, desto klarer und eingehender wird die Stellenausschreibung ausschauen. Es geht dabei nicht darum, eine Position im Detail darzulegen oder in blumigen Worten zu umschreiben, sondern vielmehr darum, dass einem jedem klar ist, was in diesem Job auf einen zukommt. Wenn man die Job-Beschreibung einem fachfremden Menschen vorlegt, muss dieser ganz genau wissen, was eine Person in dieser Position tut, und welche Kompetenzen er/sie dafür braucht.

Job-Analysen können verschiedene Formen haben, und unterschiedliche Aktivitäten seitens des Unternehmens beinhalten. Das hängt zum einem von der Professionalität und dem Wissen unternehmensinterner Personen ab, aber zum anderen auch der Zeit, die das Unternehmen gewillt ist, für eine Job-Analyse zu investieren. Daher sind Job-Analysen für höhere Positionen in Unternehmen auch üblicherweise akkurater, als jene für niedrigere Stellen, da der Einfluss einer Position auf die Unternehmensentwicklung tendenziell steigt, je höher der Rang in dem Unternehmen ist. Trifft man beispielsweise die falsche Entscheidung bezüglich eines Praktikanten ist das sicher nicht schön, aber trotzdem weniger schlimm für das Unternehmen, als wenn man die falsche Wahl bezüglich eines Managers trifft, der bei strategischen Zukunftsentscheidungen der Firma mitwirkt.

Wie also schaut das Ganze konkret aus, und wie kommen diese Anforderungen, die du in den Stellenausschreibungen findest, zu Stande?

Zum einen machen Unternehmen eine Analyse der Verantwortlichkeiten der bisherigen Mitarbeiter in der gleichen Position. Hierbei geht es darum, so viele Informationen wie möglich bezüglich dessen zu sammeln, was die Mitarbeiter in der gleichen Position eigentlich den ganzen Tag hauptsächlich tun. Man schafft dies, indem man sich mit den Mitarbeitern zusammensetzt und sie einfach mal fragt. Was würdest du sagen, in die am häufigsten vorkommende Aufgabe in deinem Job? Welche deiner Aufgaben glaubst du, verlangt dir die meiste Zeit ab? Was würdest du als die größte Herausforderung in deinem Job beschreiben? Was macht dich glücklich an deinem Job? Was würdest du als das primäre Ziel deines Jobs bezeichnen? Wenn du anderen von deinem Job erzählen müsstest: Was würde dir als aller erstes einfallen? All diese Fragen werden mit der Absicht gestellt, ein umfassendes und vor allem realitätsnahes Bild der Position zu erhalten – und diese Informationen letztlich in die Stellenausschreibung miteinfließen zu lassen.

In der Realität ist es leider oft so, dass nur das Ergebnis/das Sichtbare im Vordergrund steht, während der Weg zu diesem Ergebnis vollkommen außer Acht gelassen wird; so passiert es, dass Personen eine vollkommen andere und verzerrte Vorstellung davon haben, was es eigentlich bedeutet in diesem Job zu arbeiten.

Ein Beispiel: Nehmen wir einmal einen Profi-Fußballspieler – man könnte sagen, dass es sein Hauptjob ist, den gesamten Tag mit Gleichgesinnten zusammen zu sein und mit einem Ball zu spielen. Dafür verdient er zudem noch viel Geld und wird von tausenden Menschen tagtäglich bejubelt. Das ist quasi das Ziel bzw. das Ergebnis seiner Arbeit – hört sich gut an, oder? Das Problem mit der Sache ist, dass der Weg dahin jedoch meist nicht in den Vordergrund gestellt; niemand berichtet einem von den 8 Stunden Training an 7 Tagen in der Woche, den vielen damit einhergehenden Verletzungen, der Schwierigkeit ein privates Leben zu führen, der geringen Zeit, die man mit der Familie daheim verbringt oder auch der großen Anzahl an Talenten, die in ihrem Leben alles hinschmeißen, um sich voll auf den Sport zu konzentrieren und es am Ende aus irgendeinem Grunde doch nicht schaffen und später mit der Rückkehr in das „normale" Leben kämpfen.

Es geht darum, ein realistisches Abbild davon zu schaffen, was der Job beinhaltet. Und da gehören auch die Ziele zu, ganz sicher; aber auch die einzelnen zu machenden Aufgaben sowie die Kompetenzen, die zur Zielerreichung notwendig sind.

Aber es gibt noch eine weitere Möglichkeit der Job-Analyse, abgesehen von der direkten Befragung von Mitarbeitern! Es ist üblich, eine Internet-Recherche über ähnliche Jobs und deren Stellenbeschreibung anzustreben. Es gibt vielerlei Quallen, aus denen Unternehmen ihre Informationen beziehen können; meist online! Eine interessante Möglichkeit ist es, sich die Verdienste und Schlüsselwörter von Personen in den sozialen Netzwerken anzuschauen, die eine ähnliche Berufslaufbahn genommen haben und eine ähnliche Position besetzen. Eine weitere Möglichkeit, und das ist mein persönlicher Favorit, ist o*net! Und jetzt aufgepasst! o*net ist eine englischsprachige Internet-Plattform, welche die wichtigste Quelle beruflicher Informationen der vereinigten Staaten von Amerika (USA) darstellt. Es ist ein Projekt mit einer immensen Datenbank, die Informationen über Hunderte von standardisierten und berufsspezifischen Beschreibungen enthält. Und das Beste: Die Datenbank ist für die Öffentlichkeit kostenlos verfügbar und wird fortlaufend durch die Befragung von Arbeitnehmern aus jeder Beschäftigung aktualisiert! O*net bildet das Herzstück einer modernen, interaktiven Art und Weise zur Erkundung und Suche nach Berufen. Möchtest du mehr über einen bestimmten Berufszweig wissen, oder bist du dir nicht ganz sicher, ob du für einen bestimmten Job geeignet bist? Gehe auf die Plattform, suche nach der Berufsbezeichnung und finde es heraus!

Die Anatomie eines Jobs

Jeder Job besteht, wie zuvor bereits kurz angerissen, aus verschiedenen Bestandteilen. Jeder Beruf erfordert eine unterschiedliche Mischung von Wissen, praktischen Fertigkeiten und Kompetenzen; und wird zudem mit einer Vielzahl von Tätigkeiten und Aufgaben durchgeführt. O*net ist nun einen Schritt weitergegangen und hat diese Unterscheidungsmerkmale von Jobs in einem Modell beschrieben. Die folgende Aufteilung eines Jobs in seine Existenz-Bestandteile, seine Anatomie wenn man so will, zeigt dir ganz konkret, auf Basis welcher Informationen du einen Job betrachten kannst und auch, wie du dich selbst in dieses Muster einfügen kannst.

1. *Charakteristiken des Mitarbeiters*

   Die Arbeitnehmercharakteristiken umfassen dauerhafte Qualitäten von Einzelpersonen, die beeinflussen können, wie sie auf Aufgaben zugehen und wie sie arbeitsrelevante Kenntnisse und Fertigkeiten erwerben. Traditionell ist die Analyse von Fähigkeiten die häufigste Technik für den Vergleich von Arbeitsplätzen. In den vergangenen Jahren werden aber auch andere Arten von Arbeitnehmermerkmalen miteinbezogen, wie insbesondere Interessen und Werte einer Person.

2. *Anforderungen an den Mitarbeiter*

   Anforderungen an den Mitarbeiter stellen entwickelte oder erworbene Attribute eines Individuums dar, die mit der Arbeitsleistung in Zusammenhang stehen können, wie zum Beispiel berufsbezogenes Wissen und Fähigkeiten. Fähigkeiten können weiter in grundlegende Fähigkeiten und funktionsübergreifende Fähigkeiten unterteilt werden. Grundkenntnisse, wie beispielsweise Lesen, erleichtern den Erwerb neuer Kenntnisse. Übergreifende Fähigkeiten, wie beispielsweise Problemlösung, erstrecken sich dann über mehrere Bereiche von Aktivitäten.

3. *Erfahrung des Mitarbeiters*

   Diese Domain enthält Informationen über die typischen Erfahrungshintergründe von Beschäftigten in einem Beruf oder einer Gruppe von Berufen, einschließlich Zertifizierung, Lizenzierung und Schulungsdaten. Zum Beispiel werden Informationen über die beruflichen oder organisatorischen Zertifizierungen, die für den Eintritt in oder die Weiterentwicklung zu einer bestimmten Position verlangt werden, durch diesen Teil des Modells dokumentiert.

4. *Berufsspezifische Informationen*

   Berufsspezifische Informationen bestehen aus einem umfassenden Satz von Elementen, die für eine einzelne Beschäftigung gelten. Sie umfasst neben den Maschinen, Geräten, Werkzeugen, Software und Informationstechnologie, die der Mitarbeiter am Arbeitsplatz verwenden wird, auch Anforderungen, wie beispielsweise arbeitsbezogenes Wissen, Fähigkeiten und Aufgaben. Auch generelle Arbeitsmarktinformationen werden hier zur Verfügung gestellt. Diese Domäne ist besonders wichtig, wenn man zum Beispiel auf berufsspezifische Informationen Bezug zu nehmen möchte, um Schulungen vorzuschlagen, Positionsbeschreibungen zu entwickeln oder Jobs gänzlich neu zu gestalten.

5. *Charakteristiken der Arbeitnehmerschaft*

Organisationen existieren nicht isoliert. Sie müssen innerhalb einer breiteren gesellschaftlichen und wirtschaftlichen Struktur funktionieren. o*net vergleicht deshalb deskriptive berufliche Informationen mit statistischen Arbeitsmarktinformationen. Dazu gehören Entschädigungs- und Lohndaten, Beschäftigungsaussichten und Branchengrößeninformationen.

6. *Berufsvoraussetzungen*

Diese enthalten Informationen über typische Tätigkeiten eines Berufes. Aufgabeninformationen sind oft zu spezifisch, um einen Beruf oder eine Berufsgruppe zu beschreiben. o*net hat daher den Ansatz, allgemeine Arbeitsthemen und detaillierte Arbeitsaktivitäten zu ermitteln, um die breiten und spezifischeren Arten von Arbeitsverhalten und Aufgaben, die in mehreren Berufen durchgeführt werden können, zusammenzufassen. Die Verwendung dieses Frameworks macht es möglich, einen einzigen Satz von Erläuterungen zu verwenden, um viele Berufe zu beschreiben. Kontextvariablen wie der physische, soziale oder strukturelle Kontext von Arbeiten, die bestimmte Anforderungen an den Arbeitnehmer oder an die Aktivitäten stellen können, sind ebenfalls in diesem Abschnitt enthalten.

Wie du siehst, haben diese Leute aus den USA sich einige Arbeit gemacht, um eine Möglichkeit zu finden Berufe so akkurat wie möglich zu beschreiben. Eine Beschreibung mit allen Variablen und Bestandteilen, die ein Job nur haben kann. Vom Bäcker bis zum Anwalt und vom Verkäufer bis hin zum Psychologen findest du auf einfache Weise etwas zu jedem Beruf, der dich interessieren könnte! Schau einfach mal auf die Internetseite von o*net und stöbere ein bisschen herum. Mir hilft dieses immer sehr, um ein besseres Gefühl davon zu bekommen, was ein Berufsfeld oder ein spezifischer Job alles umfasst und es hilft mir zudem mir darüber klar zu werden, ob ich mich selbst in einer solchen Position sehen kann.

An`s Eingemachte! Deine Bewerbung

Nachdem wir uns in den vergangenen Kapiteln nun ausführlich mit uns selbst (Eigen-Analyse) sowie mit der Analyse unserer Berufsmöglichkeiten beschäftigt haben, können wir nun endlich anfangen! Jetzt geht es um dein Handmachwerk!

PS: Erst jetzt, nach all den Informationen, die du über dich selbst, den Arbeitsmarkt und deinen Traumjob gesammelt hast, fängst du an den Finger zum ersten Mal zu rühren und deine Bewerbung wirklich zu starten. Stell dir für einen Moment mal vor, du hättest mit diesem Schritt ohne all die Vorarbeit angefangen. Glaubst du, du wärest genauso gut auf deine anstehende Bewerbung vorbereitet gewesen? Meinst du, du wüsstest genauso gut, was dich in deinem Traumjob erwartet? Wüsstest du genauso gut, was du wirklich willst? Und was denkst du über deine Erfolgsaussichten, ohne all die intensive Vorbereitung?

Nach all dem bist du den anderen nun nicht nur einen Schritt, sondern meilenweit voraus! Und darauf kannst du stolz sein und darauf können wir nun aufbauen. Los geht´s!

Deine (Online-)Präsenz

Eine Bewerbung besteht heutzutage nicht nur noch ausschließlich aus dem, was du deinem jeweiligen Wunschunternehmen zukommen lässt – Lebenslauf, Anschreibung und Referenzen. Wir befinden uns im Web 2.0 Zeitalter, und Unternehmen machen sich gerne die „neuen Technologien" zunutze, um den Hintergrund und Lebensweg ihrer potentiellen Arbeitnehmer zu checken. Beinahe jeder Personalentscheider wird dich, sobald du in die engere Wahl kommst, via Suchmaschinen und Social Media Plattformen scannen. Daher ist eine aussagekräftige und anständige Internet-Präsenz genauso wichtig, wie die Bewerbungsdokumente selbst. Heutzutage gibt es kaum noch Bewerber, die kein Online-Profil besitzen – manchmal sogar unfreiwillig, da allerlei Daten von verschiedensten Websites gespeichert und geteilt werden. Alte facebook-Einträge, nicht weiterhin genutzte E-Mail Accounts und Kommentare, die man vor langer Zeit einmal auf irgendeiner Internetseite gepostet hat, sind unwiderruflich im Internet gespeichert - wie ein digitaler Fingerabdruck. Es reicht bereits aus, wenn ein vorheriger Arbeitgeber deinen Namen auf seiner Homepage erwähnt oder es einen uralten Zeitungsartikel über deinen Schulabschluss im Online-Archiv der ortsansässigen Tageszeitung gibt. Google dich einfach mal selbst! Gib deinen Namen bei Google ein und schaue, was du so findest. Wahrscheinlich wirst du genau so überrascht sein, was alles an Informationen über dich im Internet kursiert, wie ich es immer bin. Die Moral der Geschichte ist: Es ist unwahrscheinlich einfach, Informationen über Menschen aus dem Internet zu ziehen. Daher solltest du besonderen Wert darauf legen, nicht nur deine Bewerbungsunterlagen gut zu gestalten, aber auch deine Online Präsenz aufzupolieren.

Jetzt kommt es darauf an, deinen Online-Auftritt aktiv zu gestalten, und einen potentiellen Arbeitgeber auf die richtigen Informationen stoßen zu lassen. Wie geht das? Ich würde vorschlagen, wir fangen mit einem gezielten Aufbau auf den Karriere-Profil-Seiten Xing oder LinkedIn an. Das Beste an diesen Plattformen ist, dass es dabei wirklich ganz allein auf deine Kreativität ankommt. Du kannst dich selbst auf die Art und Weise präsentieren, wie du es gerne möchtest, und wie du dich selbst siehst. So werden deine Berufswünsche, deine Kompetenzen und Erfahrungen zu einem persönlichen Aushängeschild, welches für einen Personalentscheider zunächst die „Wahrheit" ist, da es die einzigen Informationen sind, die er/sie über dich hat. Das Anlegen eines Online-Profils ist zudem nicht nur sinnvoll, wenn du gerade aktiv auf der Suche nach einem neuen Job bist, sondern schon früher. Pflegst du dein Online-Profil regelmäßig, trittst du bestimmten Gruppen bei und knüpfst Kontakte, wird es dir mit dieser Basis sehr viel leichter fallen einen bestimmten Job zu finden oder die richtige Person zu kennen, die du bezüglich deines Berufswunsches kontaktieren kannst. Das Beste ist, dass es mit einem großen Netzwerk sogar schnell dazu kommt, dass Unternehmen auf dich zukommen werden sobald sie Personalbedarf haben. Dies ist großartig, da sich das „Machtgefüge" und dein Stellenwert urplötzlich ändern – von Suchenden zum Gesuchten. Eine ganz andere Basis für Gehaltsverhandlungen beispielsweise! Wie ich zuvor schon einmal erwähnte, würde ich empfehlen, dich bei Xing anzumelden, wenn du vor allem in Deutschland tätig bist, während LinkedIn eher international ausgerichtet ist.

Um dein Xing oder LinkedIn Profil optimal auszuschöpfen und zu einem Karriere-pusher zu transformieren, habe ich für dich ein paar einfache

Tipps und Tricks zusammengestellt, die dir beim Start sicher helfen werden:

1. Dein Profilbild

Das Erste, was eine Person von dir sehen wird, wird dein Profilbild sein. Aus der Psychologie ist bekannt, dass Menschen sich unterbewusst innerhalb von Bruchteilen einer Sekunde ein erstes Bild von dir machen. Dies ist eine sehr nützliche Funktion unseres Gehirns, da es uns unsere Welt vereinfacht: Gefährlich oder ungefährlich, Freund oder Feind, Intelligent oder weniger Intelligent, potentieller Partner oder eher ein Gegenspieler, und so weiter. Wir machen dabei keinen Unterschied zwischen realer und digitaler Welt – die Bewertungsschemata sind dieselben. Die gute Neuigkeit daran ist, dass sobald wir dieses Phänomen einmal erkannt und akzeptiert haben, wir es zu unserem eigenen Vorteil nutzen können. Wir nennen dies die „Macht des ersten Eindrucks". Ich gebe dir den Tipp, unbedingt ein Foto auszuwählen, welches unterschwellig den relevanten Attributen deines Wunschberufes und den Werten des jeweiligen Unternehmens entspricht. So würdest du beispielsweise für einen Job im Finanzbereich der Deutschen Bank ein Profilbild wählen, welches eine hohe Professionalität und Kompetenz ausstrahlt. Der Kleidungsstil sollte sehr klassisch sein; beispielsweise ist für Männer ein Krawatte Pflicht, während Frauen mit einem Hosenanzug und einer eleganten Bluse punkten können. In kreativen Berufen und Start-Up Unternehmen hingegen darf die Kleidung sowie auch die gewählten

Farbtöne definitiv gewagter sein. Dies verspricht Flexibilität und einen frischen Schwung für das Unternehmen. Auf der Unternehmens-Webseite und auch in Stellenausschreibungen findest du Schlüsselwörter, wie beispielsweise „Kreativität, Flexibilität, Gewissenhaftigkeit, Detailorientierung" etc., welche dir Auskunft über die von dir erwarteten Attribute geben können. In jedem Falle sind private Bildaufnahmen, wie beispielsweise Urlaubsbilder mit einem Palmenhintergrund ein absolutes Tabu, solltest du auch noch so gut auf dem Bild getroffen sein.

2. Dein digitaler Lebenslauf

Bei Xing sowie auch LinkedIn kannst du einen digitalen Lebenslauf erstellen. Der Vorteil dieses Lebenslaufes gegenüber einem üblichen Lebenslauf ist, dass du neben deiner Zeit, die du in dem Beruf gearbeitet hast und dem offiziellen Job-Titel auch eine detailliertere Beschreibung deines Berufes einfließen lassen kannst. Was waren genau deine Aufgaben und Zuständigkeiten? Was hast du in dem Beruf gelernt und welche Kompetenzen hast du weiterentwickelt? Achte dabei darauf, den Fokus nicht zu sehr auf deine spezifischen Aufgaben zu legen, die du gemacht hast, sondern eher auf die Kompetenzen die du zur erfolgreichen Ausführung deines Jobs benötigtest oder entwickelt hast. Dies ist weitaus nützlicher für einen Personaler, da er diese übergeordneten Kompetenzen leichter auf die zu besetzende Stelle im eigenen Unternehmen übertragen kann. Ein Beispiel: Anstatt „Eine meiner Aufgabe war es, Termine für meinen Vorgesetzten anzusetzen." zu schreiben, solltest du eher etwas sagen, wie beispielsweise: „Mein Aufgabenbereich beinhaltete die Koordination diverser interner und externer Stakeholder, wozu ich meine Fähigkeiten im Zeitmanagement einsetzen und weiter entwickeln konnte.". Der Trick hier ist, die richtige Länge zu treffen! Personaler haben nur recht wenig Zeit dein Profil zu scannen – daher ist es wichtig, kurz und prägnant zu sein. Arbeite mit aussagekräftigen Stichwörtern und vermeide unnötig viele Füllwörter. Nur, wer also mit den ersten wenigen Sätzen überzeugen kann, bringt den Leser dazu, sich auch die weiteren Informationen in Ruhe anzusehen. Auf diese Weise kannst du jedem Interessierten eine stichhaltige Beschreibung deiner selbst geben; und dies mit einer viel größeren Sichtbarkeit und Reichweite, als bei einer herkömmlichen Bewerbung, die du zu nur einer bestimmten E-Mail-Adresse versendest.

3. Referenzen als Selbstmarketing

Referenzen sind unglaublich wertvoll – vielleicht sogar der wertvollste Bestandteil deiner Bewerbung. Warum ist das so? Nun ja, wenn man mal nachdenkt, sind Bewerbungen nichts Anderes als Selbstaussagen. Das, was du über dich selbst denkst, was deine Wünsche sind, was du glaubst, was deine Kern-Kompetenzen seien, und deine Meinung über deine eigene Arbeitsweise ist. Nun ist es so, dass man theoretisch eine Lobes-Hymne über sich selbst verfassen könnte, und zunächst einmal niemand das überprüfen kann – natürlich nur solange, bis es dann zum Vorstellungsgespräch kommt. Leider ist es dann für manche

Unternehmen schon zu spät, da sie bereits Personen abgelehnt haben, die ein weniger positives (aber vielleicht realistischeres) Bild von sich selbst gezeichnet haben und stattdessen die „Selbstlober" eingeladen wurden. Um dies zu verhindern, legen Unternehmen immer mehr Wert auf externe Referenzen – entweder in Form von offiziellen Zeugnissen und Zertifikaten, oder in Form von individualisierten Empfehlungsschreiben von ehemaligen Vorgesetzten oder Professoren. Daher hier der Hinweis: Lade alle Zertifikate oder Zeugnisse hoch, die du besitzt und frage dir gut gesonnene ehemalige Vorgesetzte, ob sie dir ein privates Referenzschreiben anfertigen würden – das geht sowohl auf Xing und LinkedIn, aber auch einfach im ganzen normalen Dokumenten-Format. Referenzen erhöhen deine Glaubwürdigkeit beträchtlich und steigern deine Erfolgschancen immens!

4. Wie du gefunden wirst - Schlagworte für die Suchmaschinen

Das Internet ist voller Informationen aus den verschiedensten Fachbereichen, und dies zudem aus allen Teilen der Welt. Wie also wird gefiltert, was wichtig ist und was nicht? Wie differenziert ein System zwischen wichtigem und unwichtigem? Um im Internet sichtbar zu werden, ist eine Optimierung der netzwerkinternen Suchmaschinen wichtig. Das schaffst du, indem du aussagekräftige Schlagwörter hinter dein Profil legst; deine wichtigsten Kenntnisse, Fähigkeiten, Erfahrungen sowie Arbeitsfelder können als Schlagwörter dazu dienen. Xing sowie auch LinkedIn bieten diese Schlagwörter-

Funktion an. Speise das System mit den Schlagwörtern, unter denen du gefunden werden möchtest, wenn ein Unternehmen nach potentiellen Kandidaten suchen sollte. Wichtig hierbei ist es, nicht zu allgemein zu sein, aber auch nicht zu spezifisch. Um zu verdeutlichen, was ich damit meine, gebe ich hier gerne ein Beispiel aus meinem eigenen Bereich. Das Schlagwort „Psychologe“ wäre bei weitem zu allgemein, da Psychologen alle möglichen Jobs von Therapeuten bis hin zu Unternehmensberatern besetzten. Das Schlagwort „Experte für kognitive Umstrukturierung“ hingegen wäre zu spezifisch, da niemand der fachfremd ist, jemals nach diesem Begriff suchen würde. Ein vielleicht besseres Schlagwort wäre so etwas, wie beispielsweise „Motivationstrainer“ oder „Unternehmensentwickler“. Wird es deutlich, worauf ich hinaus möchte? Wenn du dir nicht ganz sicher bezüglich passender Stichwörter bist versuche dich mal in die Lage eines Unternehmens zu versetzten, welche eine Person mit deinen Fähigkeiten und deinem Profil sucht: Nach welchen Begriffen würdest du an des Unternehmens Stelle suchen, um genau dich zu finden?

5. Noch ein paar Tipps & Tricks...

Wenn du dein online-Profil aufbaust und die vorherigen vier Punkte beachtest, bist du schon gut im Geschäft! Ich möchte dir nun als letzten Punkt noch einige allgemeine Ratschläge geben.

Der erste: Sei kreativ! Es gibt auf dieser Erde unwahrscheinlich viele Menschen mit der gleichen Ausbildung wie der deinen oder der meinen, und sie haben sehr ähnlichen Fähigkeiten; du musst also herausstechen! Sei kreativ, was dein Selbstmarketing angeht und halte dich nicht zu sehr zurück. Was ich damit meine? Hier ein Beispiel: Es gibt tausende von „Marketing Assistenten", aber nur wenige „Kreative Verkaufs Designer" – dein Profil muss auf den ersten Blick einfach etwas anders sein. Schaffst du es, die Leute mit interessanten Kopfzeilen auf dein Profil zu locken, kommt der Bewerbungserfolg von ganz alleine!

Zweitens: Korecktes Rechtschreib ist nickt aus das Mode! Bevor du dein Profil veröffentlichst, lese deinen gesamten Text noch einmal Korrektur. Es mag sich kleinlich anhören, doch bedenke, dass die Personaler dich noch nicht kennen – die einzige Informationsquelle, die sie über dich als Person besitzen, ist möglichweise dein Online Profil. Sollte dieses jedoch durch Rechtschreibfehler und einen unzusammenhängenden Text glänzen, bist du schon aus dem Spiel, bevor es überhaupt angefangen hat. Also: Nimm dir Zeit dafür. Ein bisschen Perfektionismus ist hier eine gute Sache!

Und drittens: Ehrlich währt am längsten! Auch wenn man ganz natürlich dahin tendiert, sich ein wenig besser darzustellen, als man vielleicht ist, solltest du versuchen, so nahe wie möglich an der Wahrheit zu bleiben. Spätestens bei einem Bewerbungsgespräch oder einem Auswahlverfahren werden Unehrlichkeiten auffällig werden; sprichst du beispielsweise nur gebrochenes Englisch, solltest du dein Niveau nicht als „fließend" angeben. Hast du bislang nur Praktika gemacht, solltest du nicht „1-2 Jahre Arbeitserfahrung" angeben. Dieserlei Dinge sind heutzutage leicht überprüfbar und werden schnell auffliegen. Wie du dir vorstellen kannst, kann das recht peinlich werden. Vertraue auf dich, deine wahren Eigenschaften und Kompetenzen und sei ehrlich zu dir selbst und anderen. Ehrlichkeit ist noch immer Verkaufsfaktor Nummer eins!

Die vollständigen Bewerbungsunterlagen

Fangen wir mit den Basics an. Was umfasst eine vollständige Bewerbung? Hier eine Liste von dem, was eine Bewerbungsmappe üblicherweise beinhaltet:

- Deckblatt
- Anschreiben
- Lebenslauf
- Bewerbungsfoto
- Motivationsschreiben *(kann muss aber nicht!)*
- Zeugnisse (Schul-, Ausbildungs-, Studien-, Arbeitszeugnis)
- Bescheinigungen und Zertifikate (z.B. Qualifikationen, Weiterbildungen)
- Arbeitsproben, Referenzen o.Ä.

Und falls dies explizit gefordert wird, enthält die Mappe darüber hinaus

- Polizeiliches Führungszeugnis
- Gesundheitszeugnis

In den folgenden Abschnitten werden wir auf jeden der oben aufgeführten Punkte einzeln eingehen. Du wirst sehen, dass es eine große Bandbreite zwischen einer schlechten und einer guten Bewerbung gibt. Bei jedem der Einzelteile einer Bewerbung gibt es viele Fehler, die man leicht begehen kann; aber genauso viele Kniffe, um den jeweiligen Teil der Bewerbung herausragend oder zumindest überdurchschnittlich gut zu gestalten. Wir werden zusammen daran arbeiten, eine herausragende Bewerbungsmappe für dich zu erstellen, die jeden Personaler überzeugen wird!

Erstes zuerst: Weniger ist mehr!

Bei einer schriftlichen Bewerbung gilt tendenziell: weniger ist mehr! Warum? Zum einen ist es entmutigend für den Leser, wenn er ein „Buch“ vor sich liegen hat, zum anderen ist es auch überflüssig. Es ist wichtig, ganz klar deine Stärken in Bezug auf die Stelle herauszuarbeiten. Daher werden wir deiner Bewerbung genau die Dokumente beilegen, die für die ausgeschriebene Stelle wirklich notwendig und aussagekräftig sind.

Das Deckblatt

Das Deckblatt ist die erste Seite einer Bewerbungsmappe oder eines Bewerbungsdokumentes. Der Sinn eines Deckblatts ist es, der Bewerbung einen schönen Rahmen zu geben. Durch eine optisch ansprechende Gestaltung soll beim Personalentscheider auf den ersten Blick Sympathie und natürlich auch Neugierde geweckt werden. Das Deckblatt selbst enthält üblicherweise dein Bewerbungsfoto (wähle das Bild in einem mittelgroßen Format), sowie in augenfälliger Schriftgröße deine Wunschposition und den Unternehmensnamen. Zusätzlich ist es sinnvoll, eine kurze Auflistung der in der Bewerbungsmappe folgenden Anlagen, also Anschreiben, Lebenslauf, Zeugnisse usw., einzufügen. Mein persönlicher Tipp ist es, zudem eine Art Kurzprofil aufzuführen; deinen Namen, dein Alter und deinen Ausbildungsgrad. Auf diese Art und Weise hat der Personalentscheider bereits auf den ersten Blick einige Informationen über dich, ohne von der Informationsflut erschlagen zu werden. Ein guter Einstieg! Ein weiterer Tipp von mir ist es, deine persönlichen Angaben (Name, Anschrift, Telefon/ Handy-Nummer, E-Mailadresse) einfach in einer Kopf- oder Fußzeile einfließen zu lassen. Dies hat zu einen den Vorteil, dass dieser Part keinen Platz auf deinem Bewerbungsschreiben wegnimmt, und zudem hat der Personalentscheider deine Kontaktdaten zu jeder Zeit auf jeder Seite verfügbar.

Hier ein Beispiel eines gelungenen Deckblatts:

Max Mustermann   Faustweg 7   Nürnberg   0176/63368229   max.musermann@gmx.de

Bewerbung für die angebotene Stelle des

„Marketing - Leiters "

Kurzprofil:

- Max Mustermann
- 34 Jahre alt
- Diplom Wissenschaftler

Das Anschreiben – Dein Werkzeug zum Selbstmarketing!

Und täglich grüßt das Murmeltier!

Auch auf die Gefahr hin mich zu wiederholen, gilt auch beim Anschreiben: in der Kürze liegt die Würze!

Personalentscheider haben keine Zeit Romane zu lesen, schon gar nicht, wenn sie noch eine ganze Menge anderer Bewerbungen vor sich liegen haben. Wichtig ist, dass das Anschreiben übersichtlich und gut strukturiert gestaltet ist. Achte deshalb darauf, dass der Leser den Text ohne große Mühe überfliegen kann. Denn eines ist ganz klar: Bis der Adressat überhaupt zu lesen beginnt, wird er sich bereits einen allgemeinen Eindruck von deinem Anschreiben machen; und sollte dieser sein, dass dein Schreiben kompliziert geschrieben und zudem sehr lang ist, dann wird seine/ihre Motivation deinen Text zu lesen ganz schnell drastisch sinken.

Ich bin mir bewusst, dass deine Bewerbung etwas sehr Besonderes und auch Wichtiges für dich ist. Klar! Du steckst da viel Zeit und Arbeit rein und möchtest damit letztlich dein Leben ändern. Aber versetze dich einmal in die Lage eines Personalers: Er oder sie bekommt täglich duzende Bewerbungen auf den Tisch, und das nur neben der ganzen anderen Arbeit, die zu tun ist – in deren Augen ist ein jeder Bewerber zunächst mal nur eine weitere Nummer, eine weitere Bewerbung. Und diese wollen sie möglichst schnell abarbeiten und evaluieren können. Um erfolgreich mit unserer Bewerbung zu sein, müssen wir dem Personal also die Arbeit erleichtern, indem wir alles „Mundgerecht“ vorbereiten. Dies erspart dem Personaler Zeit und Mühen und gibt uns damit direkt schon mal Pluspunkte.

Das Wichtigste auf einen Blick:

- Empfänger persönlich ansprechen
- Darstellung des persönlichen Interesses an der Position. Argumentiere, warum du dich auf die Stelle bewirbst!
- Hervorhebung der eigenen Stärken
  - Warum bist du die richtige Person für den Job?
  - Welche Erfahrungswerte bringst du mit?
- Informationen über das Unternehmen verwenden
- Gehe auf den Text der Stellenausschreibung ein!
- Welche persönlichen Zielsetzungen verfolgst du?

Hast du die oben aufgeführten Punkte in deinem Anschreiben beachtet, dann kann schon (fast) nichts mehr schiefgehen – mit der Berücksichtigung dieser Aspekte hast du bereits 80 Prozent aller anderen Bewerber vom Spielfeld gestoßen! Gute Arbeit!

Falls in der Stellenausschreibung kein persönlicher Ansprechpartner angegeben wurde, kannst du gerne einfach zum Telefon greifen und telefonisch eine direkte Kontaktperson anfragen. Der Vorteil ist dabei, dass du beim Personalverantwortlichen so schon einmal bekannt bist und du dich in deinem Anschreiben noch einmal auf das Telefongespräch beziehen kannst (Beispiel: „Wie bei unserem netten Telefonat gestern bereits vereinbart, sende ich Ihnen hiermit gerne meine vollständigen Bewerbungsunterlagen zu.“).

Wichtig ist darüber hinaus, dass das Anschreiben keine ausformulierte Version deines Lebenslaufes darstellen sollte. Greife nur die Wichtigsten Aspekte aus deinem Lebenslauf noch einmal auf; nur

solche Aspekte, die verdeutlichen, warum genau du die richtige Person für den Job bist!
Im ersten Teil des Anschreibens kannst du dein persönliches Interesse an der Position darstellen, am besten direkt in Bezug zum Unternehmen. Im Hauptteil des Anschreibens geht es hingegen darum, überzeugend zu argumentieren, warum du die oder die richtige Person für die Stelle bist. Hier kannst du ganz frei deine eigenen Stärken hervorheben und diese eventuell mit einzelnen Beispielen zu untermauern. Im Hauptteil geht es letztendlich um 2 entscheidende Fragen:

1. *Warum sollte der Personaler gerade dich einstellen?*
2. *Warum wollen Sie gerade im besagten Unternehmen arbeiten?*

Die letzte Frage fordert dementsprechend, dass du vor dem Anschreiben genug Informationen über das Unternehmen gesammelt hast. Dies kann manchmal sogar eine echte Hürde darstellen. Wie argumentierst du beispielsweise, dann du bei der Lufthansa AG arbeiten möchtest, aber dich nicht bei Airbus beworben hast? Oder was ist der Grund, dass du deine Bewerbung zu Audi sendest, während BMW vielleicht ein genauso guter Arbeitgeber mit ähnlichen Stellenangeboten wäre? An diesem Punkt deiner Bewerbung werden deine Mühen aus dem ersten Part dieses Buches belohnt; der tiefgehenden Analyse von dir selbst sowie auch deinem Wunschunternehmen. Hast du alle Fragen aus dem ersten Teil beantwortet, und hast du die Übungen durchgeführt, wird dir dieser Teil im Anschreiben weitaus leichter aus der Hand gehen.

Ein Tipp aus der Psychologie: Die AIDA-Formel

Was bedeutet AIDA? Die AIDA-Formel stammt aus der Werbepsychologie und bedeutet folgendes:

A = **Attention** (Aufmerksamkeit für deine Bewerbung erzeugen)

I = **Interest** (Interesse an deiner Person wecken)

D = **Desire** (Wunsch, dich kennenzulernen)

A = **Action** (Handeln und den Bewerber einladen)

Diese Formel zeigt den Prozess, den ein Leser deiner Bewerbung optimaler Weise durchlaufen sollte, wenn er oder sie dein Anschreiben durchgeht. Der Lesen muss durch einen auffälligen Titel aufmerksam auf dich werden dann durch deinen Inhalt ehrliches Interesse an deiner Person entwickeln, was dann mit dem Wunsch einhergeht dich kennen zu lernen. Das Resultat: Eine Einladung zum Vorstellungsgespräch!

Und wir sind auf einem guten Weg dorthin! Denn den Punkt „**Attention**“ haben wir bereits in einem vorherigen Kapitel durch deine etwas andersartige, moderne und aufmerksamkeitserregende Job-Betitelung abgedeckt – Pluspunkt für dich! Und auch den Punkt „**Interest**“ haben wir auf dem Plan – wir befolgen die oben gelisteten Punkte, um möglichst prägnant aufzuzeigen, warum genau DU die perfekte Besetzung für deine Wunschposition bist.

Hierzu noch eine kleine Anmerkung: Bewerbungen sind immer absolut individuell, so wie auch wir als Menschen absolut einmalig sind! Einmalig in dem Sinne, dass kein zweiter Mensch auf diesem Planten genau den gleichen Lebenslauf hat, genau die gleichen Erfahrungen gemacht hat, genau die gleichen Kompetenzen besitzt oder dieselben Stärken und Schwächen hat. Nur du verfügst über genau dein persönliches Profil. Daher, versuche dein Anschreiben so individuell wie möglich zu gestalten und so wenig wie möglich von Vorlagen aus dem Internet zu nehmen! Du bist gut so wie du bist – und das musst du auch so verkaufen!

Und nun heisst es – zurücklehnen und warten! Denn die letzten beiden Punkte „**Desire & Action**" passen auf der Seite der Personalentscheider.

Formale Anforderungen

Seitenränder:

- Links: 2,5 – 3 cm
- Rechts: mind. 1,5 cm
- Oben: ca. 2 cm
- Unten: ca. 2 cm

Zeilenabstand: ein- oder eineinhalbzeilig

Ausrichtung: linksbündig oder Blocksatz

Standardschriften: z.B. Arial oder Times New Roman

Papierart: weißes Papier (mind. 100 g/m²); spezielles Bewerbungspapier

Briefkopf/Absender: oben, linksbündig oder auch in der Kopfzeile

Empfängeradresse: nach ca. 3-4 Leerzeilen, Firma, Name des Empfängers

ggf. Abteilung, Straße und nach einer Leerzeile PLZ & Ortsangabe

Ort/Datum: rechtsbündig (zwischen Empfänger und Betreffzeile)

Betreffzeile: nach ca. 2-3 Leerzeilen, ohne die Worte „Betreff“ oder „Betr.“.

Formuliere den Anlass deines Schreibens kurz und prägnant, wie z.B. „Bewerbung als Marketing-Manager -

Ihre Stellenanzeige vom 18.02.2013 im Online-Portal *XY* (Anzeigennummer)

Anrede: nach ca. 2 Leerzeilen

Inhalt: Glieder das Anschreiben inhaltlich sinnvoll; trenne alle Absätze durch eine Leerzeile

Unterschrift: nach ca. 4-5 Leerzeilen, zwischen „Grußformel“ und Anlagenvermerk

Anlagenvermerk: Hinweis auf Anlagen, wie z.B. Anlage: Bewerbungsmappe

Überschaue anschließend dein Anschreiben noch einmal in der Vollansicht

und passe ggf. die Leerzeilen nach Absender/Empfänger/Betreff und Inhalt an.

Inhaltliche Anforderungen

Empfänger

Der Empfänger entspricht natürlich den Angaben in der Stellenanzeige. Ich empfehle dir immer eine persönliche Anrede; dadurch sehen die Personaler, dass du nicht blind „Massenbewerbungen" versendest, sondern dich ganz gezielt für einen Posten bewirbst. Ist dir der Ansprechpartner nicht bekannt, so kannst du auch „Sehr geehrte Damen und Herren" verwenden. Besser ist jedoch, den richtigen Ansprechpartner vorher zu erfragen.

Einleitung

Ca. 2-3 Sätze. Hier stellst du dar, warum du an der Position interessiert bist. Baue dafür einen direkten Bezug zum Unternehmen und zur Position auf.

Einige Formulierungsbeispiele:

- „Sie sind das Unternehmen, das..., und ich habe .... zu bieten"
- „Durch das Internetangebot .... bin ich auf Ihre Anzeige für die Stelle als xy aufmerksam geworden"
- „Für das freundliche und aufschlussreiche Telefonat möchte ich mich sehr herzlich bei Ihnen bedanken. Es hat mich darin bestärkt, mich für die ausgeschriebene Stelle als ... zu bewerben."
- „Beim Recherchieren auf Ihrer Homepage bin ich auf Ihre Personalsuche aufmerksam geworden und interessiere mich für eine Mitarbeit als ... bei Ihnen."

Hauptteil/Personenbeschreibung

Nach der Eröffnung geht es darum, knapp und überzeugend zu argumentieren, dass du der bzw. die Richtige für die zu besetzende Stelle bist.

Auf welche Kenntnisse, Fähigkeiten oder Eigenschaften, die zum Beispiel im Anzeigentext gefordert werden, kannst du verweisen? Was ist dein beruflicher Hintergrund? Wie kannst du deine Motivation glaubwürdig zum Ausdruck bringen?

Weiterhin solltest du eine plausible Antwort auf die Fragen: *Warum willst du gerade im diesem besagten Unternehmen arbeiten?* und *Warum sollte der Personaler gerade dich einstellen?* finden.

Formulierungsbeispiele:

- „In den letzten Jahren konnte ich als ... vor allem in den Bereichen ... meine Fähigkeiten .... unter Beweis stellen."
- „Zu den zahlreichen Themenfeldern, die mich bisher interessierten, zählte ... ."

Abschluss

Nach deiner Selbstdarstellung kommst du zum Ende deines Anschreibens.

Auch hier gilt wieder: weniger ist mehr!

Formulierungsbeispiele:

- „Gerne würde ich mich Ihnen persönlich vorstellen."
- „Gerne möchte ich Ihr Unternehmen näher kennenlernen und mich bei Ihnen persönlich vorstellen."

DO`s & DON`T`s

Positiv

- ☺ Einfach, klar und motivierend formulieren
- ☺ Berufstypische Formulierungen
- ☺ Präzise und klare Sätze, max. eine DIN-A4-Seite
- ☺ Gliedern nach jeder Sinneinheit (Absatz)
- ☺ Verwendung vieler Verben
- ☺ Hochwertiges Druckerpapier (mind. 100 g/m^2)

Negativ

- ☹ Negativwörter: ärgerlich, schwierig, problematisch, bedauerlich…
- ☹ Endlose Schachtelsätze
- ☹ Unterstreichungen, Fettdruck im Hauptteil
- ☹ Kariertes Papier, grelle Farben
- ☹ Handschriftliches Anschreiben
- ☹ Sichtbare Korrekturen, Rechtschreibfehler

Hier ein Beispiel eines gelungenen Anschreibens:

Max Mustermann Faustweg 7 Nürnberg 0176/63368229 max.mustermann@gmx.de

Anschreiben

Sehr geehrte Frau Peters,

meine Bewerbung erreicht Sie mit dem Wunsch, den bei Ihnen entstandenen Bedarf nach einem **„Marketing Leiter“** decken zu dürfen.
Mein Interesse wurde über die aktuelle Stellenausschreibung auf der Plattform Linkedln geweckt.

Als Diplom-Wissenschaftler habe ich im Rahmen meiner Ausbildung an der Fachhochschule fachliches Wissen aus den Bereichen der Wirtschaftswissenschaften sowie im Bereich Human Resources sammeln können.

Durch die Erfahrungen, welche ich im Rahmen meines Studiums sowie diverser Praktika sammeln konnte, bin ich zu der Erkenntnis gelangt, dass professionelles Marketing einen erfolgskritischen Faktor für ein jedes Unternehmen darstellt. Von der Produktentwicklung, über die das online Marketing hin bis hin zur individuellen Kundenberatung muss ein ganzheitliches Konzept bestehen, in welches die Mitarbeiter sowie Führungskräfte gleichermaßen eingebunden sind. Um das zu schaffen, ist eine ausgeprägte Kommunikation und enge Zusammenarbeit aller Abteilung und Organisationsbereiche gefragt.

Des Öfteren wird mir das Feedback zu teil, als durchsetzungsstarke sowie empathische Persönlichkeit wahrgenommen werde. Daher bin ich der festen Überzeugung, dieser Aufgabe gewachsen zu sein. Diesen Eindruck bestätigen meine Erfahrungen im Rahmen meiner Praktika.

Gerne können Sie sich über die beigefügten Anhänge vergewissern, dass meine erworbenen sozialen sowie fachlichen Kompetenzen die von Ihnen intendierten Voraussetzungen erfüllen.

Ich freue mich auf ein persönliches Gespräch mit Ihnen, in welchem Sie sich von meiner Eignung für die von Ihnen angebotene Stelle überzeugen können.

Mit freundlichen Grüßen,

Max Mustermann

Der Lebenslauf

Der Lebenslauf ist quasi eine Kurzversion deines ganz persönlichen Lebensweges. Er beinhaltet die Meilensteine, Erfolge und Errungenschaften deiner selbst. Er ist das Kernstück deiner Bewerbung und zeigt die wichtigsten Informationen und Argumente, die für genau DICH sprechen und dir zu einer Einladung zum Vorstellungsgespräch verhelfen. Er ist dein Marketinginstrument in eigener Sache. Und es lohnt sich ein wenig Zeit in die Erarbeitung eines ordentlichen Lebenslaufes zu investieren, denn alles, was du jemals für deinen persönlichen Erfolg und deine Karriere getan hast (Ausbildungen, Studien, Seminare, Auszeichnungen, Zertifikate etc.), spiegeln sich genau hier wieder. Für viele Arbeitgeber ist der Lebenslauf sogar die aller wichtigste Grundlage für die Beurteilung einer eingehenden Bewerbung. Denn aus den Angaben des Lebenslaufes lässt sich ganz schnell ableiten, ob ein Bewerber mit seinen oder ihren bisherigen schulischen und beruflichen Leistungen zu der angebotenen Stelle passt oder nicht. Treffen die ersten Erwartungen nicht zu, wird sich kaum die Mühe gemacht, die weiteren eingereichten Bewerbungsunterlagen, wie etwa das Anschreiben, einer intensiveren Kenntnisnahme zu unterziehen. Der Fall ist abgehakt! Werden all deine Mühen und deine Arbeit in deinem Lebenslauf nicht ersichtlich, dann war die gesamte Mühe umsonst!

Formale Anforderungen

Formalitäten gibt es auch hier, doch glücklicherweise nur wenige! Man unterscheidet bei Lebensläufen zwischen der *„Amerikanische Gliederung"* und der *„Europäischen Gliederung"*. Bei der amerikanischen Gliederung führst du quasi alles zeitlich Rückwärts auf, startend mit dem neusten „Ereignis". So wird in amerikanischen Lebensläufen zum Beispiel der letzte Arbeitgeber oder die letzte Ausbildungsstätte zuerst genannt. Bei der europäischen Gegenvariante hingegen geht es ganz zeitlich chronologisch von statten, startend mit der aller ersten Ausbildung bis hin zu den neueren Entwicklungen. Normalerweise sollte man die amerikanische Variante wählen (nein, nicht nur, wenn man US-Staatsbürger ist!), wenn man bereits über praktische Erfahrungen verfügt. In diesem Falle interessiert nämlich zuerst, was der Bewerber zuletzt gemacht hat. Ist man bereits 20 Jahre im Beruf, ist das Abschlusszeugnis der Realschule wenig interessant. Hat man jedoch soeben erst seine Schullaufbahn beendet ist das eine andere Sache.

Inhaltliche Anforderungen

Daten zur Person

Hier gibst du deinen Vor- und Zuname an, deine momentane Anschrift, dein Geburtsdatum und –ort, deine Staatsangehörigkeit und auch deinen Familienstand (ledig vs. Verheiratet). Zusätzlich solltest du die Anzahl und das Alter deiner Kinder angeben, solange sie noch so jung sind, dass sie Beaufsichtigung benötigen. Solltest du Kinder (dieses Alters) haben, dann füge gerne das Wort "versorgt" an, sodass der Arbeitgeber weiss, dass es jemanden gibt, der sich während der

Arbeitszeit um deinen Nachwuchs kümmert. wenn Sie jemanden haben, der sich während Ihrer Arbeit darum kümmert!

Schulausbildung/ Studium/ Berufsausbildung

Hier ist es wichtig, dem Leser einen guten Überblick darüber zu verschaffen, welche „Lehre“ du durchlaufen hast. Verwende hierzu alle Informationen, die du zu deinem spezifischen Werdegang zur Verfügung hast. Hast du beispielsweise eine weiterführende Schule besucht, die für einen bestimmten Fachbereich sehr bekannt ist, dann kannst du das erwähnen. Nenne zudem in deiner Schulausbildung sowie auch für dein Studium die jeweiligen Schwerpunkte, die du gewählt hast. Dies gibt dem Leser ein besseres Bild darüber, worin genau deine Kompetenzen liegen. Im Falle von Studien kann es auch immer sehr interessant sein, das Thema oder den Titel deiner Abschlussarbeit zu nennen (und gegebenenfalls im Anschreiben einen Zusammenhang zwischen diesem Thema und deinem Wunschberuf herzustellen).

Berufspraxis

Hier ist eine Auflistung deines bisherigen beruflichen Werdegangs gewünscht. Gebe für jede deiner vorherigen Stellen definitiv die Berufsbezeichnung und deine Position an. Nenne zudem die korrekte Bezeichnung des Unternehmens und den Firmensitz. Ganz wichtig ist es zudem, deinen genauen Aufgabenbereich zu beschreiben; und dies möglichst kurz und prägnant! Mehr als 3 Sätze sollte diese Beschreibung nicht umfassen. Der Inhalt sollte sich vor allem darauf beziehen, was genau dein Verantwortlichkeitsbereich war, was zur erfolgreichen Erfüllung deiner Aufgabe deinerseits nötig war (Wissen, Handlungen etc.) und welche Kompetenzen du in dieser Position brauchtest beziehungsweise entwickelt hast. Hast du von einem ehemaligen Vorgesetzten ein Empfehlungsschreiben erhalten kannst du dies hier erwähnen und an deine Mail/deine Bewerbungsmappe anhängen.

Weiterbildung

Welches Engagement hast du außerhalb deines Berufes gezeigt, um dich persönlich und beruflich weiterzuentwickeln? Diese Frage steht hier im Mittelpunkt! Du kannst du allerlei anführen; von Englisch-Kursen an der Volkshochschule bis hin zu einer fortgeschrittenen Lizenz als Trainer oder Coach. Auch fachspezifische Lehrgänge sind hier nicht fehl am Platze! Dieser Abschnitt kann sehr wirkungsvoll sein, da es dem Personalentscheider zeigt, ob du eher eine statische Persönlichkeit besitzt und dich mit deinem Selbst zufrieden gibst, oder ob du pro-aktiv nach Möglichkeiten suchst zu wachsen. Unterschätze diesen Aspekt deiner Bewerbung nicht!

Besonderheiten

Was macht dich anders, als die anderen Bewerber?

Verfügst du vielleicht über Fremdsprachenkenntnisse? Beherrschst du möglicherweise eine bestimmte Software außergewöhnlich gut? Engagierst du dich gesellschaftlich in Non-Profit Organisationen und passt dieses Engagement zu deiner Wunsch-Stelle? Dies sind nur einige Gedankenanreger; du findest sicher etwas, das dich besonders macht! Und falls nicht - nun ja, dann weisst du woran du ab nun arbeiten kannst!

DO`s & DON'T's

Positiv

- ☺ Aufführung von Noten, Schwerpunkten und Tätigkeiten
- ☺ Ehrliche Angaben bei Fremdsprachen und EDV-Kenntnissen
- ☺ Auflistung relevanter Berufserfahrungen

Negativ

- ☹ Angabe der Eltern/Geschwistern
- ☹ Lückenhaft und unvollständig

- ☹ Angabe sexueller Orientierung
- ☹ Angabe der Religionszugehörigkeit

Hier ein Beispiel eines gelungenen Lebenslaufes:

Max Mustermann Faustweg 7 Nürnberg 0176/63368229 max.mustermann@gmx.de

Curriculum Vitae

Persönliche Daten

Geburtsdatum:
Geburtsort:
Staatsangehörigkeit:
Familienstand:

Akademische Ausbildung

10/2005 – 10/2008	Fachhochschule
08/1999 – 08/2008	Gymnasium Leistungskurse: Englisch und Geschichte
08/1994 – 08/1999	Katholische Grundschule

Praktika

05/2006 – 09/2006	Invictus AG Bereich: Aufgabenfelder: - - - -
02/2005 – 04/2005	Haselnuss GmbH Unternehmensberatung Aufgabenfelder: - - - -

Max Mustermann Faustweg 7 Nürnberg 0176/63368229 max.mustermann@gmx.de

Curriculum Vitae

Berufliche Erfahrungen	
07/2010 – heute	
04/2008 – 05/2010	
Besondere Kenntnisse	
IT-Kenntnisse	MS-Office (Word, EXEL, PowerPoint) Content-Management-Systems – Wordpress
Sprachen	Deutsch - Muttersprache Englisch - Fließend in Wort und Schrift Französisch - Grundkenntnisse
Interessen / Hobbys	
Was Sie sonst noch über mich wissen sollten...	
08/2012 - heute	Leiter eines studentisch-ehrenamtlichen Ressorts.

Das Bewerbungsfoto

Ein Bild sagt mehr als tausend Worte. Dies gilt auch für Ihr Bewerbungsfoto. Gerade bei deiner Bewerbung ist ein aussagekräftiges Bild enorm wichtig. Die Wirkungskraft eines Fotos kann größer sein, als die jedes noch so gelungenen Textes. Ein Personalentscheider wird sich beim Betrachten deines Fotos in Sekundenschnelle ein Urteil bilden: Sympathisch oder unsympathisch, offen oder verschlossen, intelligent oder nicht, kompetent oder inkompetent. Zudem zeigt ein professionelles Bewerbungsfoto deine Motivation; wie du dir vorstellen kannst denkt ein Personaler eher, dass dir der Erhalt der Stelle sehr wichtig ist, wenn er beim Aufschlagen deiner Bewerbung ein gut gemachtes Foto sieht, als wenn er als erstes einen deiner Schnappschüsse aus dem vergangenen Sommerurlaub erblickt. Mein Tipp ist daher: Investiere ein bisschen Geld und lasse in professionales Foto beim Fotografen machen; es wäre zu schade, wenn es nach all deinen Mühen an dieser einen Sache scheitern würde! Zeige dich von deiner besten Seite (auch im wörtlichen Sinne). Um Kosten einzusparen, ist es ratsam, vorab mehrere Fotostudios abzutelefonieren und dir ein kostenloses Angebot einzuholen. So kannst du Preis und Qualität deines Fotos selbst bestimmen.

In den vergangenen Jahren gab es allerlei Diskussionen über Bilder auf Lebensläufen. Was sagt ein einfacher Bild schon wirklich aus, richtig? Wir Menschen sind zu einfach zu trügen und Studien haben zudem gezeigt, dass Auswahlentscheidungen von Personalern maßgeblich von dem Aussehen des Bewerbers beeinflusst werden. Schade, aber

Klischee voll erfüllt: Obwohl das Aussehen kein berufsrelevantes Kriterium darstellte, haben Männer tendenziell immer die besser aussehenden Kandidatinnen ausgewählt, obwohl andere Kandidatinnen die gleichen oder sogar bessere Kompetenzen aufzuweisen hatten. Bei Frauen verhält sich dies etwas anders; hier wurde es auffällig, dass weibliche Personalentscheider vor allem andere Frauen ausgewählt haben, die nicht hübscher als sie selbst waren. Zack! Konkurrenz eliminiert. Dies soll nicht als direkter Vorwurf verstanden werden, sondern soll lediglich eines verdeutlichen: Hinter all unserer sozialen „Maske" ist ein jeder von uns letztendlich doch nur ein Mensch; und Menschen menscheln oft!

Hier noch ein kurzer Hinweis: Üblicherweise wird das Bewerbungsfoto auf dem Deckblatt positioniert (falls vorhanden) oder/und positioniert oben rechts auf dem Lebenslauf.

Um dir noch ein paar weitere nützliche Tipps an die Hand zu geben, habe ich dir auf der nächsten Seite eine Checkliste zusammen gestellt; beachte die aufgeführten Punkte und ich verspreche dir, dass deine Bewerbung ein Schmuckstück wird!

Checkliste – Das Wichtigste auf einen Blick:

1. Wie gesagt, keine Automaten- oder Urlaubsfotos, sondern professionelle Bewerbungsfotos vom Fotografen

2. Achte auf die Art und Größe des Bildes. Der Personalentscheider sollte nicht seine Brille aufsetzen müssen, um dich erkennen zu können, sollte flach gesagt aber auch nicht deine Poren im Gesicht zählen können aufgrund der Größe deines Bildes. Der goldene Mittelweg tut es in diesem Fall.

3. Wähle deine Kleidung und den Stil dem Beruf und der Branche angemessen. Gedeckte Farben und ein eher klassischer Stil für traditionelle Unternehmen (Bankensektor, Finanzen, Versicherungen, Öffentliche Einrichtungen etc.), und grelle Farben oder kunterbunte Farbkombinationen ausschließlich wenn es um sehr kreative Berufe und Start-Ups geht (Werbeagenturen, Mode-Labels etc.).

4. Frauen aufgepasst! Beim Schminken gilt es, auf ein dezentes Make-up und ein insgesamt natürlich wirkendes Erscheinungsbild zu achten.

5. Sendest du deine Bewerbung im Papier-Format (nicht via E-Mail), dann vermerke bitte mit einem Bleistift auf dem Bildrücken deinen Namen. Auf diese Art und Weise können die Personaler nach dem Lösen des Bildes dein Gesicht wieder der Bewerbung zuordnen.

Hier ein Beispiel eines gelungenen Bewerbungsbildes:

Zeugnisse und Anlagen

Formale Anforderungen

- Nur gute, neue Fotokopien (keine Originale!) verwenden, welche nicht bereits für andere Bewerbungen benutzt wurden
- Zeugnisse werden i.d.R. nicht beglaubigt, es sei denn, dein potenzieller Arbeitgeber bittet dich ausdrücklich darum
- Sortierung: nach Aktualität und Aussagekraft und wie du es in deinem Anschreiben in den Anlagen aufgelistet hast
- Als Berufseinsteiger hat dein Schul- und Hochschulzeugnis oberste Priorität. Deshalb direkt nach dem Lebenslauf positionieren
- Lege der Bewerbung nur Anlagen (z.B. Sprachzertifikate, Weiterbildungsnachweise, Praktikumszeugnisse etc.) bei, die einen direkten Bezug zu der Position haben, auf die du dich beworben hast

Inhaltliche Anforderungen

Für eine Bewerbung nach deutschen Standards benötigst du:

- Schulabschlusszeugnis
- Ggf. Ausbildungsabschlusszeugnis
- Ggf. Hochschulzeugnis (Bachelor, Master, Diplom usw.)
- Ggf. Praktikumsnachweise
- Ggf. Arbeitszeugnisse
- Besondere Zertifikate über Fort- und Weiterbildungen

- Referenzen, falls du jemanden kennst, der dich und deine Leistungen so wertschätzt, dass er dir ein Empfehlungsschreiben anbietet.

Generell gilt:

Überfrachten deine Bewerbung nicht mit Anlagen, wähle nur die wichtigsten aus, die zu deiner Bewerbung passen und die dafür notwendig sind.

Onlineformular und E-Mail-Bewerbung

- Dateien werden immer im PDF Format geschickt
- Das Anschreiben gehört ebenfalls zu den Anlagen und nicht in die E-Mail
- Das Foto sollte in das Deckblatt oder den Lebenslauf eingefügt und nicht separat mitgeschickt werden

Assessment-Center – Der Endgegner!

Nachdem wir bislang rein über deine Bewerbungsunterlagen geredet haben, kommen wir jetzt zu dem wirklich harten Teil – dem Auswahlverfahren (Assessment Center). Ein Assessment-Center (AC) ist ein ein-bis mehrtägiges Verfahren, in dem eine oder mehrere Personen hinsichtlich ihrer Kompetenzen und Potentiale eingeschätzt werden. Was bedeutet dies genau? Ein AC folgt im Anschluss an deine schriftliche Bewerbungsphase. Die Einladung zu einem solchen AC ist bereits ein erster Erfolg; und den solltest du auch so wahrnehmen und zelebrieren! Zugegeben: Bislang hast du offiziell noch nichts gewonnen, ABER: Die Tatsache, dass du zu einem AC eingeladen wurdest bedeutet, dass du bereits jetzt aus der Masse herausgestochen bist, denn zu vielen anderen Bewerbern kam ein Absageschreiben. Es ist deine erste positive Rückmeldung bezüglich deiner eigenen Person seitens deines neuen potentiellen Arbeitgebers. Warum ist deine Einladung etwas so Besonderes? Abgesehen davon, dass deine bisherige Bewerbung sichtbar sehr überzeugend war, ist eine Einladung zum AC auch deshalb sehr wertvoll, da ein AC für ein jedes Unternehmen einen großen Zeit- und Kostenfaktor darstellt. Ein normales AC bedarf üblicherweise mehrere Tage Vorbereitungszeit von Experten auf dem Gebiet; zudem kommen die Tage des ACs selbst, an welchem die Führungsriege des Unternehmens sich Zeit nimmt, um dich als potentiell zukünftigen Angestellten zu beurteilen. All dies kostet sehr viel Zeit und Geld; und dies solltest du bereits als ein großes Zeichen von Wertschätzung seitens des Unternehmens wahrnehmen.

Noch vor ein paar Jahren waren ACs aufgrund ihrer Kostenintensität ausschließlich Führungskräften und dem Top-Management vorbehalten und kamen lediglich zur strategischen Führungskräfte-Entwicklung oder zum Nachfolge- bzw. Talentmanagement von zukünftigen Führungskräften zum Einsatz. In den letzten Jahren hat sich dies gewandelt, da immer mehr Unternehmen sich des enormen Wertes von ACs bewusst geworden sind und dass sich die anfänglichen Kosten eines ACs mit der Zeit dreifach zurückzahlen.

Um die Kandidaten möglichst realistisch zu beurteilen kommen in einem AC diverse Methoden und Übungen zum Einsatz, die jeweils unterschiedliches Wissen und Fähigkeiten testen. Die folgende Grafik zeigt eine Auflistung der üblichen Methoden, die dabei zur Anwendung kommen:

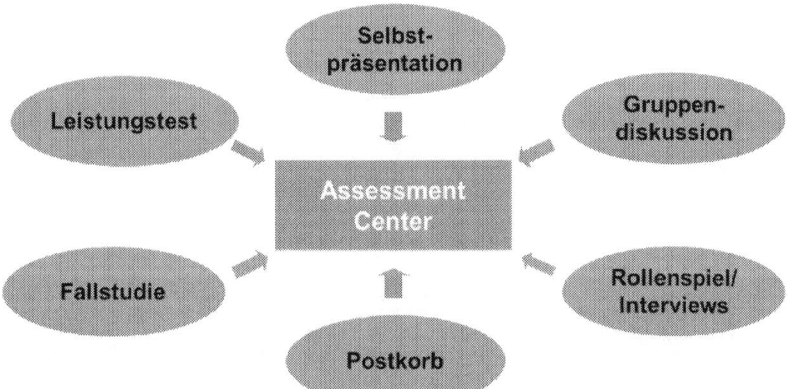

In ACs soll letztlich nur geprüft werden, ob du die Kompetenzen mitbringst, die für den Job, auf den du dich beworben hast, relevant sind. Ich drücke das mal ganz flach aus: Das bedeutet, die Jungs und Mädels haben sich vorher mal zusammengesetzt und überlegt, was man an dem ausgeschriebenen Arbeitsplatz alles so können und wissen sollte. Diese Kriterien, die dabei raus kommen nennt man „Kompetenzen". Kompetenzen sind Leistungsmerkmale einer Person, die beobachtbar sind, oder durch diagnostische Instrumente (wie den oben aufgeführten Übungen) sichtbar und messbar gemacht werden können. Das obergeordnete Ziel ist es dabei, die Auswahl einer Person für eine bestimmte Position so objektiv wie möglich zu machen, sodass alle Bewerber die gleiche Chance haben. Wie du dir sicher vorstellen kannst, sind die notwendigen Kompetenzen für jeden Beruf sehr unterschiedlich; ein Dachdecker wird daher ganz andere Auswahlkriterien haben, als ein Optiker beispielsweise.
Ein AC kann und ist oft auf der Job Analyse basiert, über welche ich in einem vorherigen Kapitel dieses Buches geschrieben habe; denn eine Job Analyse sagt uns ganz genau, welche Aufgabenbereiche die Person haben wird, welche Aufgaben diese Person konkret machen wird und welche Kompetenzen oder welches Wissen dafür benötigt wird. Kompetenzen sehen dann beispielsweise wie folgt aus:

- „Leistungsmotivation"
- „Sozialkompetenz"
- „Kooperationsfähigkeit"
- „Durchsetzungsvermögen"
- „Ergebnisorientierung"

- „Strategisches Denken"
- „Bindung an die Organisation"

Und viele mehr...

Diese Kompetenzen sind, wie bereits gesagt, von Job zu Job unterschiedlich. Allerdings gibt es einige „universale" Kompetenzen. Diese sind Kompetenzen, die ein Unternehmen für zentral hält und daher in ihr „Kompetenzmodell" aufnehmen. Ein Kompetenzmodell ist eine Ansammlung solcher Eigenschaften, die in einem einzigen Modell zusammengefasst sind. Der Sinn dahinter ist, dass manche Unternehmen sagen, dass es völlig egal ist, welchen Job eine Person macht – diese 5 Kompetenzen muss ein Angestellter unseres Unternehmens mitbringen. Ohne die geht es nicht und ohne die passt diese Person nicht zu uns. Üblicherweise haben nur größere Unternehmen solche Kompetenzmodelle, da für die Entwicklung eines solchen Kompetenzmodells viel strategisches Denken, viele Analysen innerhalb des Unternehmens und auch viele Fachexperten von Nöten sind. Also: Falls du dich auf ein größeres Unternehmen bewirbst, schau doch mal auf deren Internetseite, ob sie ein Kompetenzmodell haben und ob es öffentlich gemacht wurde.

All dies geht jetzt etwas mehr in die Tiefe, aber ich verfolge mit dem Ganzen einen tieferen Sinn: Ich möchte dir das „große Unbekannte" nehmen, wenn du zu einem Auswahlverfahren gehst. Ich möchte, dass du dir zumindest etwas denken kannst, warum genau eine bestimmte Übung gemacht wird und welche Kompetenz damit getestet wird. Dies wird es dir sehr erleichtern, dich entsprechend zu verhalten und die Beobachter deines Auswahlverfahrens zufrieden zu stellen. Du wirst

sie quasi lenken! Bevor du nun loslegen kannst, möchte ich dir noch zeigen, wie genau deine Leistung bewertet wird. Für die Beobachtung und Bewertung deiner Leistung gibt es Skalen. Diese können in ihrer Komplexität sicher variieren, sehen aber im Grunde wie folgt aus:
Du bekommst du Aufgabe, einen englischen Text aus deinem Fachbereich zu lesen und eine logische Zusammenfassung des Gelesenen erarbeiten (1 DIN-A4 Seite).
Getestet wird deine Kompetenz in der englischen Sprache. Die Definition dahinter lautet wie folgt:

„Nutzt die korrekten grammatikalischen Regeln, verwendet Satzzeichen angemessen und begeht keine Schreibfehler. Die Art und Weise der Kommunikation ist strukturiert und beinhaltet angemessenes Fachvokabular."

Bewertungsskala:

1 - Gar nicht

2 - Zu geringen Teilen

3 - Zu zufriedenstellendem Ausmaße

4 - Größtenteils

5 - Vollends

Wie gesagt, dies ist eine sehr einfache Form einer Kompetenz-Definition und einer entsprechenden Bewertungsskala, aber so sieht das im Prinzip aus. Das bedeutet, dass alle Leute, die dich an dem Tage deines ACs bewerten einige Zettel vor sich liegen haben, auf denen sie ihre Beobachtungen festhalten und dir darauf basierend Punkte geben. Aus der Summe der Punkte, die die über die verschiedenen Übungen und Kompetenzen hinweg sammelst wird dann ein Durchschnitt gebildet, der dir auf einer Skala von 1 bis 5 sagt, wie gut du abgeschnitten hast (auch im Vergleich zu deinen Mitbewerbern).

Nun kommen wir zu deiner ersten Übung diesbezüglich. Bereit? Versetze dich einmal in die Situation, du hättest den Job bereits. Welche Aufgaben würden wahrscheinlich auf dich zukommen? Welche Fähigkeiten müsstest du wahrscheinlich täglich zeigen?
Schreibe alle Kompetenzen und Fähigkeiten auf, von welchen du glaubst, dass sie für deine Wunsch-Position relevant sein könnten (hier kann dir auch die Stellenausschreibung Informationen liefern):

-
-
-
-
-

Sehr gut!
Mit diesen Kompetenzen kannst du nun für dich weiter arbeiten.

Wir haben nun die Grundlagen eines ACs besprochen, und ich hoffe, dass die Hintergründe dazu etwas klarer werden konnten!

Um dich bezüglich der Übungen nicht gänzlich im Dunkeln zu lassen, und auch als Zeichen meiner Dankbarkeit, dass du dir die Zeit genommen hast dieses Buch zu lesen und die darin enthaltenen Übungen zu durchlaufen, habe ich noch drei Bonus-Kapitel für dich vorbereitet: In dem ersten Bonus-Kapitel findest du eine Reihe von beispielshaften Fragen, so wie sie in einem echten Bewerbungsgespräch vorkommen können. Im zweiten Bonus-Kapitel habe ich dir eine Fallstudie bereitgestellt, anhand derer du dich auf eine Gruppen-Diskussion vorbereiten kannst. Und als Sahnehäubchen findest du als drittes Bonus-Kapitel eine Postkorbübung.

Ich wünsche dir viel Spass bei der Übung und Vorbereitung!

Und vor allem: Viel Erfolg!

Erstes Bonus Kapitel: Typische Interviewfragen

Interviews kommen zumeist in zweierlei Formen vor: Dem *„vollstrukturierten Interview"*, oder dem *„teilstrukturierten Interview"*. Bei dem vollstrukturierten Interview wird dir quasi einfach eine Frage nach der anderen gestellt, auf welche du direkt antworten sollst. Es ist die Art des Interviews, bei dem kein freies Gespräch zwischen dir und deinem Interviewpartner entstehen wird. Das bedeutet, dass dein Gesprächspartner eine feste Liste an Fragen hat, auf die du antworten musst, und er/sie davon nicht abweichen wird. Der Fokus liegt rein auf deinen Antworten. Der Hintergrund dieser Art von Interview ist, dass die Personalentscheider die Interviews möglichst gerecht und gleich halten wollen; dies geht nur, wenn man sich strikt an die Frageliste hält. Da jede Frage darauf abzielt, eine bestimmte Kompetenz zu messen hat dies auch seine Berechtigung, da die Objektivität gemindert wird, wenn man sich in einem netten Gespräch „verliert".

Bei einem *teilstrukturierten Interview* hast du mehr Chancen mit deinem Charme und anderweitigen Aspekten, die dich besonders machen, hervorzustechen! Es gibt einige klare Fragen, die die Personalentscheider beantwortet haben möchten sowie aber auch einen freieren Gesprächsteil, in welchem du allein bestimmst, was du noch alles erzählen oder hervorheben möchtest. Diese Art von Interview ist mehr gängig, da sie zum einen eine positivere Atmosphäre schafft und zum anderen die Möglichkeit gibt, den Bewerber auch auf persönlicher Ebene näher kennen zu lernen, was wiederum ein wichtiger Aspekt für die Zusammenarbeit darstellt.

Ungeachtet der Methode jedoch, musst du auf bestimmte Fragen sicher und direkt antworten können.

Im Folgenden findest du eine Liste von Fragen, die sehr häufig verwendet werden. Nimm dir wirklich deine Zeit dafür, und schreibe die Antworten direkt unter die jeweilige Frage, oder denke zumindest darüber nach, wie deine Antwort aussehen würde. Wenn du dir im Vorfeld einmal intensiv Gedanken über diese Fragen gemacht hast, geht es dir im Interview selbst viel leichter von den Lippen und du hast für alles eine souveräne Antwort parat!

Mögliche Fragen in deinem Interview:

- **Erzählen Sie etwas von sich!**

- **Was motiviert Sie ausgerechnet in unserem Unternehmen arbeiten (und nicht beim Konkurrenten)?**

- **Warum sollten wir uns ausgerechnet für Sie entscheiden?**

- **Was versprechen Sie sich von der Stelle und unserem Unternehmen?**

- **Was interessiert Sie an der ausgeschriebenen Stelle am meisten?**

- **Welche Kenntnisse können Sie aus früheren Beschäftigungen in die neue Stelle einbringen?**

- **Wie können sie zum Unternehmenserfolg beitragen?**
- **Wie gehen Sie mit beruflichen Rückschlägen um?**
- **Welche Vor- und Nachteile sehen Sie bei Teamarbeit?**
- **Welche Gehaltsvorstellungen haben Sie?**
- **Welche Ziele verfolgen sie – wo sehen sie sich in fünf Jahren?**
- **Welche Gründe gibt es für Ihren angestrebten Arbeitsplatzwechsel?**
- **Weshalb möchten Sie nicht mehr bei Ihrem jetzigen Arbeitgeber arbeiten?**
- **Haben Sie sich noch bei anderen Unternehmen beworben?**
- **Welche Erfahrungen konnten Sie bei Ihrem jetzigen Arbeitsplatz sammeln und was haben Sie dort gelernt?**
- **Haben Sie sich gut mit den Kollegen und Vorgesetzten verstanden?**
- **Wo sehen Sie bei sich selbst Entwicklungsfelder?**

- **Welche guten Charaktereigenschaften zeichnen Sie aus?**

- **Wie gehen Sie mit Kritik um?**

- **Beschreiben Sie beispielhaft, was Sie in der Vergangenheit bei der**
- **Bewältigung eines beruflichen Fehlers getan haben!**

- **Wie verhalten Sie sich in stressigen Situationen?**

- **Nennen Sie uns bitte drei Stärken und drei Schwächen von Ihnen!**

TIPP:

Um etwas mehr über dich selbst herauszufinden, ist es ratsam, sich auch mal eine Meinung von Dritten einzuholen! Frag deine Kollegen, was sie an dir schätzen, oder frage einfach mal deinen Lebenspartner, was sie denkt, worin du richtig gut bist!

Zweites Bonus-Kapitel: Die Diskussionsübung

Bei der Diskussionsübung geht es um eine Simulation der Realität. Das bedeutet, dass du in eine Situation versetzt wirst, in welcher du Hürden gegenüber steht und Gegebenheiten findest, die dir so oder sehr ähnlich in deinem zukünftigen Job begegnen können. Üblicherweise werden dabei Kompetenzen, wie die folgenden gemessen:

- Soziale Kompetenz
- Kommunikative Kompetenz

- Führungskompetenz
- Zielstrebigkeit
- Durchsetzungsvermögen
- Kooperationsfähigkeit

Und hier ein exemplarisches Beispiel für die Bewertung der Kompetenz „Kooperationsfähigkeit“:

Positiv:

☺ Geht offen und vorurteilsfrei auf Mitarbeiter zu

☺ Stellt persönliche Interessen und Emotionen zurück

☺ Stimmt Entscheidungen im Plenum ab

Negativ:

☺ Verweigert Aufgaben

- ☺ Bevorzugt Einzelarbeiten
- ☺ Hält sich nicht an Absprachen

Im Folgenden findest du ein Beispiel für eine Fallstudie, die du lesen sollst und danach in eine Diskussion eintreten wirst.

Situation für Helene Fischer:

Ihr Name ist Helene Fischer, Sie sind 35 Jahre alt und arbeiten als Sekretärin an der „Business and Information Technology School". Hier arbeiten Sie seit drei Jahren mit ihren Kolleginnen Lisa Müller und Eva Strauß zusammen. Gemeinsam kümmern Sie sich um alle anfallenden administrativen Prozesse, die Bearbeitung der Krankmeldungen, die Organisation des Stundenplans und der Raumverteilung, sowie jegliche Belange der Studierenden.

Ihre Arbeit an der Hochschule und vor allem der Kontakt mit den Studierenden bereitet Ihnen große Freude, bietet für Sie die Möglichkeit sich beruflich weiterzuentwickeln und ist ihrer Meinung nach die perfekte Ergänzung zum Familienalltag. Auch mit dem Betriebsklima sind Sie sehr zufrieden und pflegen einen recht guten Kontakt zu ihren beiden Kolleginnen.

Vor allem die herzliche Eva Strauß haben Sie sehr zu schätzen gelernt, da sie immer ein offenes Ohr für Sie hat und Ihnen schon oft mit Rat und Tat zur Seite stand, wenn es doch einmal schwierig wurde Familie und Beruf mit einander zu vereinbaren. Zudem ist sie in der letzten Zeit schon öfter für Sie in „die Bresche gesprungen", da es für Sie als alleinerziehende Mutter einer vierjährigen und Ernährerin der Familie nicht immer einfach ist „alles unter einen Hut zu bringen" und Sie aus diesem Grund auch schon einige Male zu spät zur Arbeit gekommen sind.

Das Verhältnis zu Lisa Müller ist deutlich distanzierter, da Lisa, Ihrer Meinung nach, zu sehr auf ihre Karriere fixiert ist und dabei häufig die Wünsche und Bedürfnisse anderer aus den Augen verliert und lieber sich selbst in den Mittelpunkt drängt. Aus diesem Grund sind Sie in der Vergangenheit auch schon einige Male mit ihr aneinander geraten. Trotz allem schätzen Sie Lisa, da sie über ein sehr gutes berufliches Know-how verfügt und Sie schon häufiger bei Aufgaben unterstützt hat.

Nun ist vor einigen Tagen das neue Programm Excel 8.0 herausgekommen, auf welches Sie und ihre Kolleginnen schon lange gewartet haben, da es die täglichen Abläufe deutlich erleichtern und beschleunigen soll.

Die Hochschule hat dieses Programm bereits erworben, allerdings ist für den Einsatz eine längere Einführung von Nöten. Da Sie vor einiger Zeit das Thema Weiterbildungen schon einmal bei ihrem Chef Herrn Money angesprochen haben und bis jetzt noch keine Gelegenheit hatten eine Weiterbildung zu besuchen, haben Sie nun insgeheim die Hoffnung, dass Ihnen die Einführung des neuen Programms die Chance eröffnet sich beruflich weiter zu entwickeln.

Heute Vormittag kam Herr Money zu Ihnen ins Büro und erklärte Ihnen und Ihren beiden Kolleginnen, dass er für die Weiterbildung im Rahmen der Einführung des Excel-Programms nur eine Person angemeldet habe, da die Weiterbildung an einem Wochentag stattfinden wird und nur auf höchstens eine Sekretärin verzichtet werde könnte. Die Entscheidung wer von Ihnen die Weiterbildung besuchen wird, möchte Herr Money Ihnen überlassen, allerdings erwartet er Ihre Entscheidung in 20 Minuten, da er danach zu einem Termin außer Haus aufbrechen muss und vorher dem Veranstalter noch die entsprechenden Kontaktdaten zukommen lassen möchte.

So bleibt für Sie und ihre Kolleginnen nicht viel Zeit zu einer Einigung zu kommen. Daher schlägt Frau Strauß vor, sich sofort zusammen zu setzen und sich kurz zu besprechen.

Bevor Sie nun in das Gespräch gehen, machen sie sich kurz Gedanken wie Sie Ihre Kolleginnen überzeugen könnten, dass Sie am geeignetsten wären die Weiterbildung zu besuchen:

- Denn nach Ihrer Einschätzung wird weder Frau Strauß noch Frau Müller auf den Fortbildungsplatz verzichten wollen. Frau Strauß aus dem Grund, da sie in letzter Zeit schon öfter im Gespräch anklingen lassen hat, dass sie auf Grund ihres Alters und ihrer nicht so guten Office Kenntnisse Angst hat für die Hochschule ersetzbar zu werden.

- Auch bei Frau Müller sind Sie sich sicher, dass sie sich diese Chance nicht entgehen lassen wird, vor allem da Sie schon länger die Vermutung hegen, dass Frau Müller sich für eine höhere Position, eventuell auch in einem anderen Unternehmen, bewerben möchte und vorher sicherlich noch ihre Qualifikation zu verbessern sucht.

Sie halten sich selbst jedoch für am geeignetsten die Fortbildung zu besuchen und sehen zudem Schwierigkeiten für sich selbst das neue Programm anschließend bedienen zu können, wenn Sie die Einführung in das Programm aus „zweiter Hand“ erhalten.

- Denn Sie trauen es Frau Strauß nicht wirklich zu, dass sie das neue Programm auf Anhieb versteht und Ihnen die wichtigsten Informationen im Anschluss vermitteln kann; da sie in der Vergangenheit auch schon häufiger Schwierigkeiten hatte die Office Programmen zu bedienen.

- Bei Frau Müller hingegen haben Sie die Befürchtung, dass sie das in der Fortbildung erworbene Wissen nicht ausreichend an Frau Strauß und Sie vermitteln wird, um eine bessere Qualifikation Ihnen gegenüber zu haben.

Aufgabenstellung:

Gehen Sie in die Diskussion mit ihren Kolleginnen und versuchen Sie im Gesprächsverlauf Argumente an zu bringen, um ihre Kolleginnen zu überzeugen, dass Sie am geeignetsten wären die Fortbildung zu besuchen.

Ziel der Diskussion ist es, eine konstruktive Lösung zu finden, die alle Beteiligten mit tragen.

Ihnen bleiben nur **5 Minuten** für die Vorbereitung der Diskussion und **20 Minuten**, um zu einer Entscheidung zu gelangen!

Hinweis:
Wichtig bei Gruppendiskussionen ist es, dass du dich weder ganz aus der Diskussion heraushältst, noch zum „Moderator" wirst. Befolge die unten aufgeführten Ratschläge und du wirst die Gruppendiskussion zu 100 prozentiger Sicherheit meisterhaft bewältigen:

- Betone immer wieder, dass Ihr ein gemeinsames Ziel habt.
- Fasse immer wieder den jetzigen Standpunkt der Diskussion zusammen (Schaffe Überblick)
- Binde alle Diskussionspartner mit ein, frage nach Ihren Ansichten
- Weiche nicht zu schnell von deinem Standpunkt ab, sei aber kompromissbereit und geh gegebenenfalls auf die Wünsche der anderen ein.
- Nimm deinem Gegenüber immer den Wind aus den Segeln, bekunde ***Verständnis*** für seine Situation und argumentiere immer ***sachlich***!

Drittes Bonus Kapitel: Die Postkorbübung

Die Intention einer Postkorbübung ist es, deine Ausprägungen in den Kompetenzen, wie beispielsweise Delegationsfähigkeit, Organisationsfähigkeit, strukturiertes Arbeiten sowie Stressbelastung zu erfassen.

Es folgt wieder ein Beispiel, wie so ein Postkorb aussehen kann! Es ist ein sehr leichter Postkorb, nur zur Veranschaulichung der Testweise gedacht. In Wirklichkeit geht es um mehr Termine, die noch schwieriger zu koordinieren sind.

20 arbeitsreiche Minuten im Leben des Herrn Kunze/der Frau Kunze:

Am Dienstagabend, 20.15 Uhr, setzt Sie ein Taxi vor der Tür der Firma, deren Geschäftsführer/-in Sie sind, ab. Sie bitten den Taxifahrer zu warten, denn in spätestens 25 Minuten müssen Sie zum Flughafen gefahren werden, damit Sie den Flug nach Brüssel rechtzeitig erreichen. Dort nehmen Sie morgen und übermorgen (also Mittwoch und Donnerstag) an einem Kreativseminar teil. Wichtige Voraussetzung für den Erfolg des Seminars ist, dass Sie während der zwei Tage in keiner Weise gestört werden.

Wenn Sie am Freitag zurückkehren, ist dies Ihr letzter Arbeitstag vor dem lange geplanten Urlaub, den Sie auf keinen Fall verschieben werden. Schon am Freitagabend werden Sie mit dem Auto gen Süden aufbrechen.

Allerdings hat Ihnen letzte Woche ein Sonntagsfahrer den Wagen so beschädigt, dass die Werkstatt von Totalschaden spricht und Sie sich nach einem neuen Auto umsehen müssen. Dieses Auto muss Ihnen spätestens am Freitagabend zur Verfügung stehen. Ihre Sekretärin, Frau Müller, hat Ihnen schon die zu bearbeitende Post auf den Tisch gelegt. Dafür haben Sie **20 Minuten Zeit**.

Sie sind Vorgesetzte/-r der Sekretärin, Ihres Stellvertreters Herr Schwarz sowie des Einkaufsleiters Herr Mark.

Aufgabenstellung:

Was veranlassen Sie unter Berücksichtigung der jeweiligen Priorität der Aufgabe? Vermerken Sie Ihre Vorgehensweise auf den jeweiligen Mitteilungen. Erstellen Sie einen Tagesplan für den Freitag.

Tagesplan: Freitag, 14. März

07:00 Uhr	
08:00 Uhr	
09:00 Uhr	
10:00 Uhr	
11:00 Uhr	
12:00 Uhr	
13:00 Uhr	
14:00 Uhr	
15:00 Uhr	
16:00 Uhr	

17:00 Uhr	
18:00 Uhr	
19:00 Uhr	

Buchempfehlung des Autors

Hat dir dieses Buch gefallen?

Vielleicht gefällt dir auch dieses Buch von dem Autor:

Das wahre NLP – Ein Kompakt-Guide von Psychologen

Exklusive Leseprobe:

Ein Mann will ein Bild aufhängen. Den Nagel hat er, nicht aber den Hammer. Der Nachbar hat einen. Also beschließt unser Mann, hinüber zu gehen und ihn aus zu borgen. Doch da kommt ihm ein Zweifel: Was, wenn der Nachbar mir den Hammer nicht leihen will? Gestern schon grüßte er mich nur so flüchtig. Vielleicht war er in Eile. Vielleicht hat er die Eile nur vorgetäuscht und er hat was gegen mich. Und was? Ich habe ihm nichts getan; der bildet sich da etwas ein. Wenn jemand von mir ein Werkzeug borgen wollte, ich gäbe es ihm sofort. Und warum er nicht? Wie kann man einem Mitmenschen einen so einfachen Gefallen abschlagen? Leute wie dieser Kerl vergiften einem das Leben. Und dann bildet er sich noch ein, ich sei auf ihn angewiesen. Bloß weil er einen Hammer hat. Jetzt reicht´s mir wirklich. - Und so stürmt er hinüber, läutet, der Nachbar öffnet, doch bevor er "Guten Tag" sagen kann, schreit ihn unser Mann an: "Behalten Sie ihren Hammer".

Aus Paul Watzlawick: Anleitung zum Unglücklich sein

Was sind KOGNITIONEN?

Wahrnehmung, Denken, Gedächtnis, Werthaltungen, Urteile, Antizipationen, Erwartungen, Grundhaltungen, Bewertungen und Interpretationen, Bewältigungsformeln, Affirmationen, Lebensregeln und Lebensphilosophien, Pläne und Problemlösestrategien sind unter den Begriff der Kognition zu subsumieren.

(NEISSER 1974, HAUTZINGER 1993).

Mit der kognitiven Umstrukturierung ist es dir möglich verzerrte und nicht realitätsgerechte Gedanken und Glaubenssätze in Richtung einer realitätsadäquateren Wahrnehmung und Interpretation von Geschehnissen zu verändern. Schon wieder so etwas Psychologisches! Ich übersetze das gerne noch einmal: Das viel bedeutet wie, dass du negative Gedanken verändern und die Bewertung von Geschehnissen in deinem eigenen Leben umdeuten kannst. Umdeuten – dieses Wort stößt vielen zunächst einmal auf. Ich wurde schon des Öfteren gefragt, ob das einfach eine Art „ignorieren" einer gegebenen Situation sei. Ein Augen verschließen vor der Realität? Dem ist ganz und gar nicht so! Diese Technik ist vielmehr eine ganz natürliche und dauerhafte Veränderung in der inneren Gedankenstruktur. Grob gesagt ist es dabei das Ziel, jene Gedanken zu fördern, die es dir erlauben, stressfreier und weniger belastend mit bestimmten Situationen umzugehen. Darüber hinaus ist es das Ziel, konstruktive Herangehensweisen zur Problemlösung zu entwickeln.

Normalerweise (und das ist in schweren Fällen auch weiterhin empfehlenswert) wird eine solche Umstrukturierung von ausgebildeten Psycho-Therapeuten begleitet. Dieser Prozess kann je nach Schwere des Einzelfalls und je nach Änderungs-Bereitschaft des Einzelnen mehreren Wochen oder sogar Monate dauern.

Ich persönlich jedoch bin der Überzeugung, dass es für den intrinsischen Willen einige Aspekte des eigenen Lebens zu verbessern nicht immer direkt einer therapeutischen Maßnahme bedarf. Im Laufe des Lebens haben wir alle, ich schließe mich da selbst mit ein, verschiedenste Erfahrungen gesammelt. Schöne sowie auch weniger schöne Erfahrungen. Diese vergangenen Erfahrungen dienen uns als Referenz-Erlebnisse. Sie bestimmen maßgeblich, was wir für wahr und falsch, realistisch oder unrealistisch, gefährlich oder ungefährlich, und erstrebenswert oder wertlos halten. Manche dieser Erlebnisse sind drastischer gewesen als andere, und haben sich damit stärker in uns „eingebrannt“, wie man es landläufig nennen könnte. Damit haben sie auch einen stärkeren Einfluss auf unser zukünftiges Verhalten. So werden positive Erfahrungen, so wie eine schöne Kindheit, ein großer Freundeskreis, der Gewinn der Jugend-Fussball-Meisterschaft oder eine sehr gute Note in einer Klassenarbeit zu Referenzerlebnissen, die uns ein positives Bild über uns selbst entwickeln lassen. Sie bestimmen darüber, wie wir über uns selbst denken. Stark positive Ereignisse können sogar selbst zu Motivatoren werden, diese positiven Erlebnisse wieder und wieder zu erleben. So streben wir nach immer höheren Zielen, wie zum Beispiel guten Freundschaften, einer großen und glücklichen Familie und Erfolg im Leben. Manchmal passiert es aber, dass wir im Laufe unseres Lebens auch negative Erfahrungen machen und diese eingebrannten Erfahrungen so stark sind (sei es, da das negative Ereignis sehr schlimm war oder weil ein negativer/belastender Zustand über eine lange Zeit angehalten hat), dass sie uns daran hindern in der Zukunft ein bestimmtes Ziel zu erreichen. Sie lassen uns Angst vor bestimmten Zielen oder sozialen Interaktionen haben, sie sagen uns was in unserer Macht liegt und was nicht – kurz: Sie definieren ganz klar wo unsere Grenzen sind!

Wie können wir diese Grenzen re-definieren und wieder Macht über unser eigenes Leben erlangen? Finde es raus – in meinem Buch „Das WAHRE NLP – Ein Kompakt-Guide von Psychologen"!

Rechtliches und Impressum

Ich bin stets bemüht, alle Informationen und Angaben in diesem Buch korrekt wiederzugeben und auf dem neusten Stand zu halten. Aufgrund des Umfangs und der Komplexität des Werkes ist es leider trotz allem nicht ausgeschlossen, dass Fehler oder Unklarheiten entstehen mögen. Aus diesem Grunde übernehme ich keine Gewähr für Aktualität, Qualität und Vollständigkeit dieses Buches. Für Schäden durch die (Nicht-)Nutzung dieser Informationen, welche sowohl mittelbar oder auch unmittelbar entstehen, hafte ich nicht. Für Hinweise auf Fehler oder Unklarheiten wäre ich Ihnen sehr dankbar!

John R. N. Barwell wird vertreten durch: Niklas Frewel & Rossella Barilli

Work- Organizational and Personnel Psychologists

Pfarrgasse 3, 96049 Bamberg, Deutschland

frewel.niklas@gmail.com

18158428R00061

Printed in Poland
by Amazon Fulfillment
Poland Sp. z o.o., Wrocław